the
life-changing
magic of
NOT GIVING A F*CK

怦然心动的人际关系清理术

[美]莎拉·奈特 / 著 陈伟伟 / 译

华夏出版社
HUAXIA PUBLISHING HOUSE

图书在版编目（CIP）数据

怦然心动的人际关系清理术 / (美) 莎拉·奈特(Sarah Knight) 著；陈伟伟译. -- 北京：华夏出版社有限公司, 2020.4

书名原文：the life-changing magic of not giving a fuck

ISBN 978-7-5080-9903-3

Ⅰ. ①怦… Ⅱ. ①莎… ②陈… Ⅲ. ①人际关系学—通俗读物 Ⅳ. ①C912.11-49

中国版本图书馆CIP数据核字（2020）第036576号

The Life- Changing Magic of not Giving a Fuck
Copyright © 2015 by Emergency Biscuit Inc.
This edition published by arrangement with Little, Brown and Company, New York, New York, USA.
All rights reserved.

版权所有，翻印必究。
北京市版权局著作权登记号：图字01-2017-2814号

怦然心动的人际关系清理术

作　　者	［美］莎拉·奈特
译　　者	陈伟伟
选题策划	陈　迪
责任编辑	赵　楠
出版发行	华夏出版社有限公司
经　　销	新华书店
印　　装	三河市少明印务有限公司
版　　次	2020年4月北京第1版　2020年4月北京第1次印刷
开　　本	880×1230　1/32开
印　　张	7.125
字　　数	120千字
定　　价	42.00元

华夏出版社有限公司　网址：www.hxph.com.cn　地址：北京市东直门外香河园北里4号　邮编：100028
若发现本版图书有印装质量问题，请与我社营销中心联系调换。电话：（010）64663331（转）

免责声明

这是一本充满怦然心动的人际关系清理魔法的书。为了让我的方法能够显得切实有效,我承认自己在写作过程中确实抛下了生活中的许多概念、事件、活动和人。或许,你无法完全认同我的选择。说得更直接点儿吧,甚至你可能会发现你正在经历我所描写的那些要抛下的事情——特别是当你是一名幼儿的家长、一名卡拉 OK 爱好者、一个家庭成员,或者我的前同事。如果真是这样的话,那我要告诉你,答案只有两个:要么你是正确的,要么就是你在痴心妄想了。而无论在什么情况下,如果你感到被我所写东西冒犯了,那说明你真的需要好好读读这本书。来,直接翻开"淡定地不去在意别人的想法"这一章,好好看看吧。

另外,同样需要说明的是:我这本拙劣之作事先可是没有经过近藤麻理惠女士或者她的出版商授权、认可或审定的。

目录

引言
整理你鸡窝一样的抽屉 ………… 003
清理头脑的艺术 ………… 006
怦然心动的人际关系清理术 ………… 012

**第一章
在意，或者不在意**
我为什么要在意？ ………… 018
怦然心动的人际关系清理术：基本原理 ………… 021
谁才是能够做到不感到抱歉的传奇人物 ………… 022
我怎样才能成为他们中的一员呢？ ………… 026
淡定地不去在意别人的想法 ………… 029

感受与意见 ……… 032

划定一个范围 ……… 039

那些总是对你指指点点的人 ……… 042

总结 ……… 043

一场可视化练习 ……… 045

第二章
决定不抱歉

你的大脑是一个仓库 ……… 052

将事情整理分类 ……… 055

事情 ……… 057

工作 ……… 067

朋友，熟人和陌生人 ……… 084

家庭成员 ……… 109

最后冲刺 ……… 126

再次确认你的清单 ……… 128

不要低估那些偶尔出现的琐事 ……… 130

在意它 ……… 131

第三章
不去在意它

神圣的三要素：时间、精力和金钱 …… 136

循序渐进 …… 141

黄色威胁等级：容易不去理会的事情 …… 142

橙色威胁等级：中等难度不去理会的事情 …… 143

红色威胁等级：最难以不去理会的事情 …… 144

精神喊话 …… 145

诚实：可以根据情况调节的标尺 …… 147

不同的事情，相同的原则 …… 149

只参加你想去的婚礼 …… 165

旧事、新愁、自找麻烦的郁闷事 …… 167

临阵退缩？重新审视一下你的个人原则 …… 177

绩效奖金！ …… 179

经常被提及的问题 …… 181

从你在乎（或不在乎）的事情中收获更多 …… 184

第四章
翻天覆地的变化

少关注一件琐事就等于多一分收获 …… 190

你所在意的事情会影响到你的身体、思想和灵魂 …… 195

另一条途径 199

曾经付出 200

明确你不能做哪些事 201

哪些是你应该更为关注的事情 203

做你自己 206

去他的仇敌 208

获得启发 209

后记 211
致谢 215
关于作者 219

引言

如果你像我一样,长久以来都过于看重许多事情,那么你肯定会被沉重的生活压得喘不过气来,这会让你觉得心累,让你焦虑,甚至恐慌。

我们的生活状态很糟,每天就是围着工作打转,没有闲暇时间,更是从来不会毫无顾虑地全心扑到那些真正能够令我们快乐的人或者事情上面,不过现在我们有了《怦然心动的人际关系清理术》,它正是改变我们这种糟糕生活状态的对症良药。

在我将近三十岁的时候,我开始意识到自己其实不必去理会那么多事情。但是,直到自己差不多四十岁的时候,我才真正有胆量实现这个想法。这本书是我对人际关系清理术的精华总结，也是我从其中获取极大乐趣的证明，并且它还能够一步一步地指引人们从各种琐事中解脱出来，去追求更健康、更幸福的生活。

如果你觉得这个书名听起来十分耳熟，那么我就要恭喜你了！因为看样子你还不算消息闭塞，起码还是知道《怦然心动的人生整理魔法》这本书的，它的作者就是来自日本的家政整理专家近藤麻理惠，并且这本书还登上了许多地方的畅销书排行榜。现在，已经有数百万人知道了近藤女士的两步怦然心动整理法，即丢弃那些不能够令人心动的物品，留下那些对自己来说真正需要、令你感觉心动的物品；然后对它们进行收纳整理。近藤女士认为，这样做除了可以令你收获一个整洁、宁静的生活空间，还会对你家庭之外的其他方面产生积极影响。

那么，一本关于家务整理的日本图书与我所宣称的人际关系清理术又有什么关联呢？

它们之间会有什么联系呢？我猜你根本不会去思考这个问题！

就像近藤女士教授了你一套优雅且有效的家务整理方法一样，我也为你准备了一些东西……

整理你鸡窝一样的抽屉

2015年夏天,我向出版社递交了辞呈,潇洒地向这份自己一直从事了15年的工作挥了挥手,然后以一名自由编辑兼作家的身份开启了自己新的事业。走出公司高层办公大楼的那天——我下楼的速度比夜色里一名脱衣舞娘从钢管的顶端下滑的速度还要快——我清空了大脑里所有乱七八糟的琐事,包括那些与我的上司、同事、出行、服装、作息甚至更多相关的内容。

我不用再去关心什么销售会议;我也不用再操心所谓的商务休闲和城镇会议;我不会再让自己的休假记录散乱地东写一句、西描一笔,就像一个服刑者在牢房墙壁上随意涂鸦那样糟糕。

现在我已经从无聊的职场枷锁中逃离出来,自然有大把的时间可以随心所欲。我可以睡到自然醒,可以同爱人一起吃午饭,可以自由地选择工作(或者跑去海边玩),并且还能够不再为纽约糟糕的城市交通而劳心费神。

我也抽时间读了《怦然心动的人生整理魔法》这本书。作为一个自认为比较爱干净的人,我想自己并不需要近藤女士的帮助。不过,我还是很喜欢采用各种点子让自己的房子看起来更像生活时尚杂志里面展示的图片一样漂亮——并且，哈，我还喜欢按照自己的想法来合理地安排工作、休息或者收拾整理的时间。

好吧，说了那么多，现在我就来告诉你，近藤女士的这本书还真就像广告宣传的那样神奇。嗯，我要不要说……它几乎是……具有魔法的？

我按照书里的办法，用了几个小时的工夫来收拾我丈夫放袜子的那个抽屉，包括扔掉那些他不喜欢而且从来不穿的袜子（或者，在这种情况下，确切地说是那些我知道他不喜欢并且从来不穿的袜子），然后将留下的袜子折叠好，让它们看起来就像站得笔直的小士兵那样整齐。这么一来，下次再打开抽屉的时候，所有的袜子就都一目了然了。起初，我丈夫以为我是发疯了才会有工夫来整理他放袜子的抽屉，但是在看到这些成果之后，他竟然也深为所动。第二天，他就自己动手收拾了其他的抽屉和衣柜。

要是你还没有读过近藤麻理惠的书，那么不妨先来听我絮叨两句，我们为什么会去做这件事。

通过收拾，我们不仅丢掉了那些不再有用或者不再喜欢的衣物（同时更珍惜我们留下的），还能缩短消磨在穿衣问题上的纠结时间（因为我们可以对每个抽屉里面的衣物一目了然），不会再有什么东西在抽屉里"失踪"了（因为我们用了近藤女士教的竖叠方法），并且我们还能少洗很多衣服（因为我们不会让自己陷入那种看似没有衣服可穿，而实际上好衣服就团在衣柜里那些不能穿的裤子下面的局面）。

换句话说：我们的生活真的出现了明显改观，起码我们可以对自己的袜子一目了然了。甚至，我还用了几周的时间到处跟任何愿意听（以及那些或许不愿意听）的人宣传这种做法。

在辞掉了工作，又收拾好袜子之后，我瞬间有了一种人生为之改观的心情！

环视自己干净整洁的家，我的内心顿时感受到了一种平静。我喜欢干净整洁的台面和物品摆放有序的橱柜，这是我离开了那份自己不喜欢的工作之后才感受到的自由——并且还能让我的人生再次丰满起来，拥有可以让我快乐的人、事、活动和爱好——从而真正令生活充满乐趣。而实际上，这些令人愉快的事物在人生中的位置并不是被 22 双乱成一团的袜子所占据的，而是被太多的责任和太多的烦恼所占据。

这时候，我意识到了……这并不是收拾袜子那么简单的问题。

好吧，不要误会我的意思，我可是很肯定近藤麻理惠倡导的这种对家居空间进行整理的做法的，它会带给人们带来更多的乐趣。它对我来说非常实用，并且它也确实帮助了世界上成千上万的人。但是正如她在书中所说："整洁的家居环境仅仅是你生活的开始而已。"

因此，改善家居环境仅仅是一个开端。当我开始着手整理那些乱七八糟的琐事的时候，如同魔法般的人生改变才真正开始。

首先，让我们来回顾一下之前的状况。

清理头脑的艺术

我天生就是一个爱自找麻烦的人。没准儿你也是一样的。

我自认为是一个超完美主义者，我的整个童年和青春期都是在各种各样的糟心事儿中度过的。为了让家人、朋友，甚至是仅有一面之缘的人能够尊敬和钦佩自己，我参与了各种各样的课程、任务和标准化测试。为了营造宽厚仁慈的形象，我不得不与自己不喜欢的人来往；我得做自己看不上眼的工作，好给人们留下乐于助人的印象；为了彰显亲和的一面，我要吃那些自己讨厌的食物。总而言之一句话，我一直以来太在乎这些没有意义的事情了。

这可不是生活应有的样子。

在我二十岁出头儿的时候，我第一次遇见了一个不在乎这些琐事的人。我们都叫他杰夫。杰夫是一名交友甚广的成功生意人，对于那些自己不喜欢做的事情，他根本连瞧都不会瞧上一眼。虽然他是这样一个"一意孤行"的人，但并不妨碍许多人喜欢他、尊敬他。他不会去观看你孩子的舞蹈表演或者看着你在 17 公里处冲过终点线，不过你大可不必大惊小怪，因为杰夫就是这个样子的人，明白吗？

他这个人亲切随和、思虑周全，不过同时他也是一个十分清楚自己想要什么的人，他只将精力投入到那些对他而言非常重要的事情上——与他的孩子们亲密互动、打高尔夫球、每晚关注《危险边缘》游戏节目……

那其他事情呢？

答案就是：**不操那份闲心**。

他看起来总是那么积极自信，而且十分幸福。

嗯，每次与杰夫见面，我都希望自己能活成他那样子。

后来，在我二十四五岁的时候，我家楼下新搬来一户邻居，这家人简直就是我的噩梦。但是出于某些原因，我给足了主人面子去忍受他的那些神经病请求。譬如，有一次，他让自己的一个朋友穿着高跟鞋绕着我的公寓周围跺来跺去，我和他在楼下他的客厅里听着，我只是装作若无其事，顶多只是勇敢地表示"有点吵"。

显然，他神经兮兮的。那么，他喜欢不喜欢我又有什么关系呢？现在回想起来，在罗森伯格先生第一次指责我的室友在位于他家上方的卧室里面"剧烈运动"的时候，我就不应该理会他——当时，我的室友已经去欧洲旅行两周了。

年近三十的时候，我订婚了并且开始着手准备婚礼——这着实是一件十分麻烦的事：预算、场地、饮食、服饰、照片、鲜花、乐队、宾客名单、请柬（措辞及纸张厚薄）、誓词、蛋糕和其他所有的东西——单子拉了长长一张。我确实十分在意其中的一些事情，但是还有一些事情是我根本不在乎的。可是，我却对每一件事情都给予了关注，因为我不知道怎么做更好。随着这种状况的持续，我变得压力很大，感觉自己离自我满足和幸福越来越远了。当大喜的日子来临的时候，我开始偏头疼、持续腹痛，并且那玫瑰粉色的荨麻疹也像要装饰我的礼服一样冒了出来。

现在回头看看，为了在宴会上演奏《褐色暇珠的姑娘》这首歌而与我的丈夫争论不休，真的值得吗？

花一分钟来仔细想想：当我因为拍照而没有吃到任何在这期间已经被拿光的甜点，在此前费劲半天去选择它们真的那么必要吗？不！

但是——事情就是在此时出现了小小的转机——我赢得了一个小小的胜利：我会在意客人名单（因为我很在意预算），但是你知道我根本不在乎什么吗？座位表！

在确定了来参加我婚礼的所有宾客都是能够自己吃喝娱乐的成年人之后，我在婚礼宾客位置安排上就省下了不少时间——可能有12个小时或者更多，然后把那些七大姑八大姨以及其他客人按照竖列安排位置，就像算盘上的算珠那样，十分省事！

等到令人劳心费神的婚礼准备过程结束的时候，我简直是筋疲力尽了，已经到了崩溃的边缘。不过，我还是从那份被废弃的座位表中看到了一线光明。我原以为座位表对我来说是很重要的，但实际情况并非如此。我决定不去在意这些细节,就让他们爱坐哪儿坐哪儿好了,我再也不要把所谓的责任感放在我个人的意愿之前了。那么,会有人抱怨我这个新娘懒吗?不,他们都没有这样做。

呵呵……

在接下来的几年里,我慢慢地不再去在意那些让人恼火的琐事了。我"拒绝"了几次下班后的聚餐。我对"脸书"上几个令人厌恶的家伙毫不客气。我没工夫去"读懂"你"演的那出戏"的真实意思。

渐渐地,我的感觉越来越好啦。不仅压力减轻了,就连心态也平和了。于是,只要接到推销电话,我就会直接挂掉;对幼儿园举办的周末郊游活动,我会直接说不;在看了《真探》第二季的一集之后,我就再也不看它了。我做回了真正的自己,就像近藤麻理惠说的那样,我能把更多的精力投放在真正可以令自己快乐的人和事上面啦。

很快,我就意识到在改变人际关系方面,我也有了自己的独到见解。

能给你带来快乐?那么,就千方百计地这么做。

但是,或许下面这个问法更确切:

它会让你生气吗？

如果会，那么你就要赶快停下来，不再去理会那些事。我还可以告诉你怎么去做。

我发明了一种程序，它可以通过怦然心动的人际关系清理术来清理和重组你的思维空间。不要在那些既不能使你快乐也不能改善你生活状态（烦恼）的事情上面浪费时间、精力和/或者金钱。这样一来，你就会有更多的时间、精力和/或者金钱来做那些能够带给你快乐的事情了。

我将它称为不抱歉法则（NotSorry Method）。这种方法分为两个步骤：

1. 明确哪些事是你不用在意的。
2. 不去在意这些事。

当然了，你在做到这两步之后根本不用感觉抱歉。

我的方法非常简单——并且这本书会为你提供掌握这一方法的工具和观点，它一定会从根本上改变你的日常生活状态。实际上，一旦开始使用这种人际关系清理术，你就再也不会想或者需要回到从前的状态了。

怦然心动的人际关系清理术

在这本书里，你会学到这些东西：

- 为什么你最大的敌人就是太操心别人的想法，以及怎么才能不这样做。
- 怎样三下五除二地把你的那些琐事分门别类归为烦恼与乐趣。
- 帮助你来确定需要感到抱歉的简单标准。（例如，这件事情对别人的影响会比对我的影响大吗？）
- 既不必感到抱歉又不会被吐槽的诀窍。
- 明确哪些是自己不在意的事情（并且坚持这么做）的重要性。
- 只理会少量需要在意的事情会让你的人生产生天翻地覆的变化。
- 还有其他很多很多好处！

先来想象一下，如果你能够对那些自己确实不愿花费精力的事情说不，那么你会多出多少时间和金钱去做自己愿意做的事情啊！而你的人生又会变得多么棒啊！

举个例子说，如果我没有为了出门去趟杂货店而梳妆打扮一番，那么我就能省下十分钟时间，而这节省下的十分钟足够我悠闲地坐在沙发上读一下自己刚刚从报摊上捎回来的那份《美国周刊》了。

又或者,当我不再参加新生儿派对——一项我非常讨厌的活动——我就可以利用周日下午的时间自由活动了,要知道,这可是我之前期待不已的呢。

那么,没有去参加新生儿派对,我会利用这节省下来的时间干点什么呢?嗯,且听我慢慢道来。首先,我给自己倒了两杯酒;然后在购物网站上轻轻点击几下,订购了一个为准妈妈准备的全新吸奶器。在这之后,我举杯向大学室友卡波·瓦博在1998年春天湿T恤比赛中获胜的她那美丽的大胸致意。

哈,女士们,想想这样做是多么完美!

明明是上网十分钟就能搞定的事,却非要用四个小时的尿布游戏和潘趣酒来代替,这意味着什么呢?嗯,在我看来,那就是没脑子。当然,如果对你来说,每个周末的新生儿派对就是悄悄摸进院子里寻找商机卖货,并没有给你带来无休无止的烦扰,那这可就是一项值得一去的活动啦。

不过,细节并不重要。重要的是,如果你在过程中遵循了我的人际关系清理术,那么你就会更加轻松,你的日程会更加明确；而且呢，你还可以把时间和精力只用在自己感兴趣的人和事上面。

我向上帝发誓，这就是人生的改变。

第一章

在意，或者不在意

尝试回答下面的问题：我压力很大、超负荷地工作，并且／或者对人生感到腻味了吗？

如果你对上述任何一种情况的回答是肯定的，那就再来问自己一下：这是为什么呢？

我打赌答案一定是：因为你需要顾及的事儿太多啦；或者，说得更具体一点儿，因为你认为自己必须要顾及这些事儿。

真的必须这样做吗？现在就让我来帮你搞清楚吧。

在读这本书的过程中，你会看到"giving a fuck"这个词条以两种方式出现：

- 口语意思为在乎某件事，这决定了什么样的事情是你不必在乎的。
- 然后就是在在乎某个人或者某件事的字面意思下的真实含义——在这些人或者事情上面会耗费时间、精力以及／或者金钱。

在这两种情况下，让你的人生变得更美好的途径只有一条——不再去在乎它们。我的怦然心动的人际关系清理术可以最大限度地缩减你耗费在无用的人与事上面的时间、精力和金钱。当然,要想做到这一点,你首先要确定:你确切地知道我指的是哪些人和哪些事!

你的生活大可不必是那一团糟的样子。现在就让我们开始行动吧,怎么样?

我为什么要在意?

这可是人生中最重要的问题之一呢。或者,至少它应该是这么重要的。

对你来说,与其一味盲目地往前冲,对所有需要你投注时间、精力和/或者金钱的人和事情(包括购买和阅读这本书在内)说"好的!好的!好的!"倒不如好好问自己一下"我真的该在乎它们吗"?

估计你没有意识到,你的精力可是有限和宝贵的资源呢,当你在乎那些人和事的时候,你可是在实打实地付出这些资源。而一旦付出得太多,你就会枯竭——就像你的银行账户归零一样——这会让你焦虑、压力大,并且绝望。这可不是什么好事儿!但是,别担心,因为稍后我就会帮你搞清楚哪些才是需要你去在意的东西,这样就能帮助你衡量、排序以及忽略眼前和以后许多没必要在意的事儿。

但是在我们讨论不在意它之前,还是让我们先来谈论一下你应该在什么时候在意它吧。

如果某件事情——关乎人道、生死,或者涉及价值观——不会令你烦恼不已并且能带给你快乐,那么你就应该重视它。 有时候,衡量起来很容易,怎么选择也是显而易见的。哈!非常兴奋吧。但是更多时候——也是你需要人际关系清理术的原因——你根本没时间来衡量,或者你做出了错误的选择。

大多数人都是在没怎么过脑子的情况下就开始行事了。所谓的内疚感、责任感,或者焦虑使他们往往为了取悦他人而做出令自己烦恼而并非快乐的事情。

这样毫无意义,而且还与你向往的完美生活背道而驰。(如果你不想过上完美生活,那么你就不要再读下去了。)

还要跟着我继续吗?

我就知道你还想继续下去。好吧,那就跟着我来想一下:**跟内疚、责任感和焦虑比起来,难道你不想要自主权、与人为善以及无忧无虑吗?** 除了没有玩具这一点,其他方面你都像极了圣诞老人，你背着一个装满各种事情的大袋子转来转去，只会把它们给予那些你认为值得的人。

你可以成为一个分发各种事情的圣诞老人！

因此，不要再为了取悦他人而随随便便说"好的"，而要花点儿时间思考一下，不仅去考虑你是否应该关心自己手头上的事，还要考虑此类的事情是否值得你去付出时间、精力和/或者金钱。

只有在诚实地回答了这些问题之后，我们才能够把自己的精力合理地分配到人和事、任务和项目、想法和追求上面，这样才会将糟心事降到最少，并且因此得到最大程度的快乐。

静下心来想一想，你就会发现生活中充满了一系列的是与否、给予关注和毫不在乎的选择。如果你继续按照目前的模式生活，那么在每一天、每一周或者每一月结束的时候，你难免会发现自己正挣扎在那些琐事的困扰当中——当你想明白了，你就会发现从那些事中获益的是他人，而非你自己。

怦然心动的人际关系清理术会改变一切。

现在是时候来改写人生的剧本、破解生活的魔咒,并且停止因为错误的理由而在意错误的事情了。

怦然心动的人际关系清理术:基本原理

首先要顾及自己的感受——这就像在救援他人之前要先给自己扣上氧气面罩一样。

允许自己说不——我不想做。我没有时间。我负担不起。

将自己从因为说不而产生的烦恼、焦虑、恐惧和内疚当中解脱出来,让自己不用在没有时间的情况下,为了取悦不喜欢的人而难为自己,以及做那些自己不想做的事情。

减轻思想压力,消除生活中令你讨厌的人和事,真正腾出时间去做那些自己在乎的事情。

这听起来很自私,事实也确实是这样。但是这么做却能够为你身边的每一个人打造出一个更加美好的世界。

你可以不再为自己被迫去做的事情而操心，转而将自己的注意力放在自己想做的事情上来。你在工作的时候会感觉更开心并且更亲切，你的同事与客户都将从中受益。你同朋友在一起的时候会更加精力充沛，并且能感到更多乐趣。你还能有更多的时间来陪伴家人——或者你还可以花较少的时间去创造此类温馨的时刻，然后与家人一起共享珍贵的时光。

你将有更多时间、精力和/或者金钱来过上最棒的生活。愿意接受怦然心动的人际关系清理术的人都会成为人生赢家。

你很想成为这些人中的一员，不是吗？

谁才是能够做到不感到抱歉的传奇人物

在我看来，能做到满不在乎、不感到抱歉的人不外乎以下三类：

- 孩子
- 混球儿
- 洒脱的人

孩子

孩子们几乎都是如此。他们对大部分事情都满不在乎，因为他们没必要这么做。一般说来，父母都会满足孩子们的基本需求；即便这些需求没有得到满足，孩子们几乎也说不出什么来。想一想：如果有一个人整天都给你洗衣服，你还会在乎怀抱一堆红薯或者在你的头上倒放一杯酸奶吗？是的，你肯定不会在乎的。如果你需要做的就是哭喊着要一杯水或者一个新玩具，你还会在乎已经忘记了把之前的那杯水放在哪儿，或者把瘙痒娃娃摁进她的厕所里吗？肯定不会！如果你没有绝佳的车技，你还会在乎怎么系那双鞋吗？绝对不会的。

孩子们可以做到满不在乎的一部分原因就是他们根本没有生活经历。他们的心灵纯净，因为世上那些见鬼的说辞还没有在他们头脑中形成气候呢。就精神层面来讲，他们根本没有清理的必要。

真是幸运的小家伙们啊。

但是生活是不公平的，无论你们，还是他们，都不可能永远停留在小孩子的阶段。从某种意义上讲，我们都不能一直穿着尼龙搭扣鞋，我们必须面对现实。你所能做的就是想办法回归那种神奇的平衡，在这种状态下，成人的负担会因你拥有孩童般的热情而改善。

混球儿

接下来，我们来说一下混球儿。混球儿可以做到满不在乎是因为他们只看得见自己想要的东西，而根本不会考虑在实现愿望的过程中会得罪谁、伤害谁或者——是的——利用谁。与我的朋友杰夫不同，这些人一般不会被尊敬或者喜欢。或许，人们会害怕他们，但是一定不会喜欢他们。

如果你十分看重被人喜欢这一点，那你肯定不会想变身成一个混球儿。虽然这么一来，你每周的日程中或许能够空出那么一两个晚上没有活动，但这可不是说你真的闲了下来，因为你还要处理那些自己真正想要处理的事情、见那些自己真正想要见的人呢。事实就是如此，因为那些请柬会接连不断地冒出来。

不过，别害怕，因为我的办法会告诉你怎样拥有自己想要的一切——无视你不愿意的事情——同时认识到自己是一个顶天立地的男子汉或者女汉子。这让我想起……

> **混球儿不在乎的十类事：**
> 1. 其他人的私人空间。
> 2. 让你等候。
> 3. 在火车上的静音车厢中喧哗。
> 4. 随意放置物品。
> 5. 乱扔垃圾。
> 6. 在特殊场合放屁。
> 7. 恰当地使用转向灯。
> 8. 堵塞扶梯。
> 9. 清理宠物留下的粪便。
> 10. 别人将之视为混球儿。

洒脱的人

当然了，你可以努力变得洒脱而不是变成一个混球儿。再回到像孩子那样毫不在乎的状态不是不可能，但你得明白一点，那就是孩子们只是不会表达而已。看一下，下面列出的一长串事情可都是我一直十分在乎的（准时，睡够八小时，手工制作的披萨……），而礼貌待人差不多处在这个单子的开头位置。诚实，但是还得有礼貌。

打个比方，如果你是那种会亲手写感谢卡来向在湖畔的房子里盛情款待你过周末的朋友表达谢意的人，那么你的朋友才不会因为你谢绝了他们下次的邀请——参与他们最喜欢的文艺复兴运动话题——而感觉不开心呢。

你喜欢湖畔的房子却讨厌文艺复兴，这不是很正常吗？但是，记得寄去一张感谢卡，可别让自己变成一个混球儿。这就是一种双赢！

我怎样才能成为他们中的一员呢？

怦然心动的人际关系清理术就是用来帮助你达到一种只在乎有必要的事情的开明状态，而不会重蹈我的覆辙。

我将陪着你走过每一步，帮助罗列出你在乎的那些事儿，并且教你分辨一件事情是否需要你在意，如果不需要，那么如何做才能避免变成一个混球儿。

你可是看到了，我自己从那一堆烦心事中真正解脱出来可真是困难重重。当我开始着手这么做的时候，我就不再随意地在乎事儿了；我对我的朋友和家人采用了一种高效率的人际关系清理术——比如在一个洗礼的邀请函发出之前就先发制人地拒绝掉。我实在是太不喜欢参加宗教庆典了,以至于我忘记了自己是十分在乎朋友的感受的。在我婉拒邀请的那一刻,他的妻子正在分娩他们的第一个儿子啊,直到现在我还是觉得非常抱歉。

于是,我改进了自己的方法。

怦然心动的人际关系清理术的关键一点就是"不会让人成为混球儿"。毕竟,我不想失去朋友,我纯粹是希望更合理有效地利用自己的时间,这样和朋友们在一起的时候,我能获得更多的乐趣(和较少的烦恼)。

我发现将诚实与礼貌结合起来,恰当运用它们(取决于形势要求),会让人在拒绝的同时还能保持最顺畅的人际关系。

但是实施怦然心动的人际关系清理术的基本前提——起码在我们达到第一步或者变得诚实与礼貌之前——就是不去在乎别人的想法。

诚实与礼貌：一对活宝

如果你想把怦然心动的人际关系清理术运用到极致，那仅仅做到诚实这一点显然是不够的，当然，仅仅是讲礼貌也不行。你可以非常诚实但言行粗鲁，不过这意味着很多时候你就需要向别人道歉了。或者，你也可以超级有礼貌，但是讲谎话。出于礼貌撒个谎是一回事，但是如果你陷入了谎言的怪圈，我敢打赌你会后悔的，而这样做也违背了不抱歉法则的初衷。那要怎么办呢？嗯，关键就是要将二者完美结合起来，就像西格弗里德和罗伊，霍尔和奥茨，以及巴特曼和罗宾。他们都能通过密切合作以施展神奇能力，并将其运用得如鱼得水，最终拯救世界。即使有时其中某一方会更为耀眼，或者被邪恶势力困住，但他们绝不会在配合过程中失手。

下面，就让我们来详细聊一聊。

淡定地不去在意别人的想法

如果说不抱歉法则开启了改变人生的魔力之门,那么不去在意别人的想法就是维护自己利益的第一步。不然,你将会成为环绕启蒙之城的护城河里的落水狗,你所有的精力都会浪费在让自己的脑袋露出水面,以及抵御饥饿的鳄鱼袭击这样的问题上。

不去在意别人的想法为你实现第一步铺就了一条光明大道(决定不去在意它)。而后,你在实现第二步的时候就可以用一种积极有效的方式来表达自己的意见了。

要知道你可是能够在这么做的同时不冒犯或者触怒任何人呢!(除非你真的想这么做,而有时候这么做确实也很有趣。)

但事情总有先后之分。

在我唠叨下面几句的时候,你可要听好了。你之所以会感到羞愧和内疚,是因为你努力不去在意那些事情吗?才不是呢,这可与它无关。实际上,担忧别人怎么看待你才是真正的原因。

还猜个什么劲儿？你根本就左右不了别人的想法。

看在上帝的份儿上，你有足够的时间去弄清楚自己的想法！认为自己或许能够左右别人的想法——并且为之努力——完全是徒劳的。这种观念根本就错得离谱。

说到你的行为如何影响他人这一点，你要明白只是你的行为会影响他们的感受，而非他们的决定。与"他人的想法"相关的要素有两个，稍后我会深入地讨论。但是现在，让我们来看看这个方法的实际应用：在乎那些你能以及不能左右的事情。

当我纠结在要不要辞去工作恢复自由身的时候，我对自己这个决定的方方面面都感到忧心——这其中最让我忧心的就是放弃了"职业生涯"会让我失去收入保障。当然，我也担心其他人（朋友、家人、老板和同事）会怎样看待我的决定。她太懒？任性？一夜暴富，不再工作？难道她不关心我们不得不接手她丢下的工作吗？

现在我成了一名经验丰富的人际关系清理术实践者，那就让我来谈谈当时的那些感受吧。

1. 我喜欢工作——我只是不愿意再做那份工作罢了。如果别人认为我懒，那是他们的问题。

2. 我在做决定之前进行了充分的思考和计划，就算我准备得不够充分，那也不关别人什么事儿。

3. 当然，我没有中奖。(但如果我中了——我也会辞掉工作，你懂的。)

事后来看，这些根本都不算个事儿。在辞职这件事上，最大的问题在于我可能会暂时影响其他人的正常生活，他们会不会因此生气而责怪我。

我决定不再去在意那些自己左右不了的事情（比如我的老板什么时候会辞退我），只去在意那些我能够左右的事情（比如不用在早上七点被迫起床，离开我那还在熟睡的丈夫和宁静的公园景色，而耗费45分钟车程去做一份我不再想做的工作）。

相反，我开始关注像"我的下一份自由职业在哪里"和"保持我的网页及时更新"之类的事情。但是，我操心这些事情是极其值得的，因为自在的生活会让我有更多的时间睡觉，更多的时间陪伴丈夫。现在，我上班的距离只有三十英尺，那就是从床到沙发。

一旦我发现了自己愿意主动关注的事和被动地关注别人认为我该关注的事之间存在的区别，一切问题都迎刃而解了。

感受与意见

你看了这些内容很可能会脸红脖子粗。这没有什么不好意思的。你可能会这样想，我忍不住要去操心别人的想法。这个观念已经根植于我的基因当中啦。

好了，听着：你的基因能做的也就到这儿了。想要过上最棒的生活，你必须冲破这种模式。

你之所以在意别人的想法，不外乎两个原因：一是因为你不想成为一个坏人；二是因为你不想看起来像个坏人。

当然，你可以继续把别人的想法都当回事儿，因为这些想法可是会影响到他们的感受的。（不把眼前的情况当回事儿会伤害他们的感情，你还会这么做吗？）你很清楚自己在什么时候会伤害别人的感情，但是一定要诚实，千万不要做一个混球儿。

我想要说的就是，当别人的想法仅仅代表了他们的意见时，你就没必要当回事儿了。如果你能够学会用意见的语言来讲话，你就会发现这么做简直太有用了。这么做诚实有礼，还能令人消气！这样一来，你就不会成为一个混球儿，也不会看起来像个混球儿了。你也不用再为在乎别人的想法而忧心忡忡了。

懂了吗？

还没有？

好吧，那就换个说法：作为人类，我们有权礼貌地反对或者不采纳他人的意见。这是一种被动的姿态。这不会伤害任何人，这完全是防御性的。举个例子来说，你喜欢纯天然花生酱？太棒了！我不喜欢。我觉得它黏糊糊的，颗粒又粗，反正我不喜欢。

但如果说你是我的一个朋友，你售卖自制的纯天然花生酱，并且你一直邀请我参加"花生酱聚会"，聚会上那些盛着棕色液体的可怜巴巴的小罐子堆积在厨房的台面上，那么我感觉自己被迫买它不是出于别的原因，而仅仅是想让你闭嘴。

这就是一个转折点。我根本不把纯天然花生酱当回事儿，但我又为什么要拿自己辛苦赚来的血汗钱去买它呢？

我会告诉你为什么：那就是因为我料到自己会说，你这个怪家伙，赶紧拿着那脏乎乎的东西离我远点儿。毫无疑问，这肯定会让你的小心脏受伤不已。而我不想伤害你的感情，所以我会花 20 美元去买 8 盎司那黏糊糊的东西吗（它看起来就像一头生病的大象咀嚼过又吐进瓦罐里的）？

不会，不会，不会。

相反，我要告诉你——诚实且礼貌地——我可不认同你所说的纯天然花生酱是我想吃的东西。这就意味着今晚我不会买。或者，永远都不会买。

你明白我在做什么吗？我在乎你的感受，只是因为你是我的朋友（尽管我讨厌售卖花生酱的行为）。但是在我喜不喜欢纯天然花生酱这个问题上，我才不要在乎你的意见呢。如果你在离开时信誓旦旦地说着要是不吃纯天然花生酱我的动脉就会被反式脂肪酸堵住，那也没什么大不了的，因为我更喜欢在三明治里加点氢化植物油。毕竟，那是我的动脉血管。所以，在决定不把你的花生酱当回事儿的同时，我把你的想法仅仅当作了一个不同的意见。

在出现这种冲突时，你只需要把它看作一种简单客观的意见来对待，这样就完全避免了出现伤害感情的局面。

不抱歉法则就是来应对简单客观的意见的。

不过，解决问题的办法可不止一种！（哦。）如果你与一个朋友在意见上的差异会反映出你们在核心价值观上的差异，那么你没准儿就会想通过降低诚实度，同时提高礼貌程度的做法来解决。如此说来，说你不相信多吃有机坚果对健康有利与说你不相信女人有选择的权利，并没有什么不同。

在这样的背景下，如果你既不想把手头儿的事情当回事儿，又不想用拳头解决或者登上美国运输安全管理局的禁飞名单，那么你真正需要做的就是使用"意见"的概念，并且坚持这么做。

作为一名家长，你身边总是充斥着对你的育儿方式指手画脚的人。你或许对他们养育孩子的方式也有意见，但是区别就在于，你不会将自己的想法说出来。无论如何，父母不是好当的，人们会无条件地爱自己的孩子。对你来说，要在真诚接受和感到愤怒之间保持平衡需要极大的精力，而且这些建议往往还与你和其他人的价值观以及因此而产生的情感密切程度相关。

例如，某一天你在参加聚会的时候，正好讨论到孩子生病的话题。你在争辩中站在一方的立场（站在哪方不重要），而你的一个伙伴，我们暂且叫她斯泰茜吧，她站在了对立方。

你跟她的争议焦点就在于孩子出生后应该用抱被包裹多长时间，而这个分歧还会进一步影响到父母对孩子骨骼发育阶段的认识。你不希望斯泰茜误会你是一个坏家长，所以无论你站在哪一个立场，你都不想用自己的异议去冒犯斯泰茜，否则你自己的孩子或许就会被人歧视了，他们会将你的小宝贝看作一个在广场上晃悠着穿着写有"混球儿的孩子"字样外套的小家伙。

时至今日，你可能都还是以点头微笑的方式来应对这样的场面。或许，你甚至会浪费20分钟时间去听斯泰茜高谈阔论一些家长不按照她说的去做、最后吃了苦头的例子。而这种被动接受的行为——不要说浪费20分钟值不值——就像一群在木材上聚集的蚂蚁蚕食着你的内心。

啊，你实在是需要一些改变人际关系的魔法了！

那么下一次再出现此类事情的时候，你只需静静地看着斯泰茜，耸耸肩，说："好的，好的，但是每一个人都有自己的想法！"然后将话题转移，比如乔治·克鲁尼是不是越来越成熟有魅力了。

你已经在言语中暗示了斯泰茜所持有的不是唯一的看法，但是你不会轻易地接受或者辩驳这个看法。你不想在这个过程中否定她的价值/伤害她的感情，这么一来你既不会成为一个混球儿,也不会看起来像一个混球儿。你可以诚实有礼地坦然离开,因为你知道自己可以不在乎斯泰茜是怎么想的,而且她也不能从你所说的话中挑出什么毛病。

是什么给了你勇气这样做?怦然心动的人际关系清理术呗。

关于道歉

在我们的社会当中,"对不起"总是作为一种跨度很广的简略语存在,这个跨度可以从"我并不是真的感到抱歉,我说这话只是想平息我刚才/马上要对你做的事情的情绪"到咬牙切齿地说出:"该死,我做了什么??"

这句话上面并没有贴着性别偏见的标签,但是女人尤其会在工作场所、朋友之间以及人际关系当中感觉受到轻视的情况下尝试使用它,以达到先发制人或者积极抵御他人的目的。

当你真的表现差劲的时候,你应该道歉,并且你也应该这么做。但是,如果你认为一句轻轻的"对不起"就能够抹杀你糟糕的表现,那么你就大错特错了。或许,你该来改变一下了,不要再做一个这样的混球儿。

> 但是如果你没做什么需要道歉的事情,你就(a)不要感到抱歉,并且(b)不要向他人道歉!
>
> 换句话说,不抱歉法则达到的目的跟它的名称是一样的。它会鼓励你并且让你以一种根本不必说——或者感到——抱歉的方式处事。

回顾一下:如果你的做法确实会影响一些人(比如拒绝购买一个朋友自制的花生酱,或者对某人的育儿方法做出判断),那么要为你的意见保持诚实有礼,尽力坚持己见,99%的情况下,一切都会好起来的。

但是,如果你的做法会影响到你,并且只影响到你自己(比如没有打扮得整整齐齐的就去杂货店),那么你为什么要在意别人的看法呢?就让他们去嘀咕你的瑜伽裤和宽大T恤吧,反正你自己感觉舒服,而且那古怪的结账员也不会跟你搭讪。

如果你正挣扎在这两种状态之间呢?好吧,那么你就真的非常需要这本书了!

你可能要花一点儿时间来适应,但是你必须停止在意其他人的想法。

> **不要做一个混球儿**
>
>
>
> 不在乎不意味着要变成一个混球儿,所以即便在做对的事的时候,也不能得意忘形。一旦你为自己的行为找好了理由,那么看一下如果缺少了你的在意,每个人身上会发生什么事情,并且为了减轻伤害感情的潜在风险,你可以使用一个好办法——通常是诚实与礼貌的组合——这会让你淡定从容,还会将你收到死亡威胁的可能性降到最低。

划定一个范围

你很清楚当自己节衣缩食几个月买回一件心爱的东西时,内心会多么满足。当你手里拿着钱走进商店,出来的时候拿着新的滑雪板或者其他东西,心里不就是这种感觉吗?

那一刻,估计你丝毫不会想起自己在过去的上百天里节衣缩食就为了攒够买滑雪板的那些钱。但是,你的确亏了本儿。或许,三个月来你每天都舍不得吃唐恩都乐安格斯牛排和鸡蛋三明治;或许,你花了更多时间在唐恩都乐兼职来赚钱(因此牺牲了闲暇时间)。无论哪一种方式,你都有一个明确的目标——为了买滑雪板攒钱。你做了一个与此相关的预算，其中包括你需要攒多少钱，并且／或者你需要工作多久才能达成自己的目标。

我建议你为自己划定一个范围。

如果你纯粹把它看作你所在乎的一件事，而不把它当成一个通过买那该死的花生酱来避免伤害朋友感情的生存危机，那会怎样呢？

买一罐 20 美元的纯天然花生酱＝一件值得在意的事情。

把钱花到购买纯天然花生酱上面，就意味着你没钱花到其他事情上——比如从"花生酱聚会"回家可以花 20 美元乘坐马车（这样你就不用再去挤那糟糕的公共交通工具了）；或者，你还可以把 20 美元花到买滑雪板上；又或者，支付你的房租。

这么看来，随便花钱买花生酱这件事就变得很重要了，不是吗？

当然，并不是所有的事情都与钱相关。很多时候，对所有的事情都在意浪费的不是你的金钱，而是你的时间或者精力。但是呢，你完全可以像规划你的本杰明（帅哥）一样轻松地对自己的时间和精力进行规划。

例如，你的孩子有一个小伙伴，这个小伙伴的家长经常为孩子班里筹措资金的活动烤制饼干。这些饼干有着带笑脸的小酥皮，另一些不含麸质的则是为小女生准备的。好吧，或许你既没有时间也没有精力去烤制饼干。也或许，让你花20美元不算个事儿，但是你会担心如果你直接拿出从商店买来的奥利奥去参加义卖会，其他家长会怎么想。

你看出来我要怎么做了，对吧？

你需要（a）停止担心其他人怎么想，并且（b）相应地调整你所在意事情的范围。没时间，没精力？奥利奥就行！

我们总是毫无目的地胡乱在意所有的事。啊哦，我总是发现自己会在还没有仔细考虑之前，就着急忙慌地同意了去温哥华度周末，并为此而做了计划。为了最大限度地挖掘你潜在的快乐，你需要在在意所有的事之前考虑好结果。你花费的时间、精力以及／或者金钱应该为你带来更多的乐趣。如果它会让你陷入烦恼，那么在考虑清楚之前千万不要想着去加拿大。停下来，慢慢考虑。没准儿你会改变主意的。

那些总是对你指指点点的人

我们都认识这类人。你可以对他们一如既往地诚实有礼，因为人生漫长，他们只是还没有醒悟罢了。他们无法控制自己与你争论、劝诱你，并且试图改变你的想法。你在不在意他们都不要紧，对他们而言，最不能接受的是你的意见与他们不同。

这涵盖的范围很广，可以从东南部橄榄球赛到即兴的爵士舞，再到你没有参加的那个家庭宗教仪式。他们不会因你的诚实有礼而改变看法。这些人就等着与你对立争议，仿佛他们就是希望别人来伤害他们的感情似的。

在此类状况下，你必须站在长远的角度来考虑你的预案。如果做/看起来像一个坏人，意味着你能够一劳永逸地结束这个对话，你或许真的能够从中获益呢？嘿，如果有人站出来对他们说滚开，这个人可能就是你。

总结

怦然心动的人际关系清理术就是将快乐置于烦恼之前来优先考虑，将选择置于义务之前考虑，让意见与感觉对立，坚定地按预案执行，着眼于有价值的东西。

让我们回顾一下那些基本元素——决定是否去在意一些事情的过程，这样你就可以去实践了：

- 你要去在意（或者不在意）的事情影响的只是你自己，还是还有其他人？
- 如果是前者，你在游戏中已经遥遥领先了！
- 如果是后者，你必须在不去在意手头的事之前，停止去在意他人怎么想。
- 为了做到这一点，你要将他们的意见同他们的感受分离开来去考虑。
- 不要做一个混球儿。
- 现在，思量一下你的预案：在意这件事会有什么收获？你能担负得起吗？
- 如果答案是肯定的，那么就使用一切手段，做成它！但是，如果答案是否定的，那么就用诚实有礼的方式表达并不去在意它，而且一点儿都不用觉得抱歉。

如果你是那种喜欢看图学习的人,这里也为你准备了一个流程图。方便你在阅读的过程中,随时回顾前面的内容。

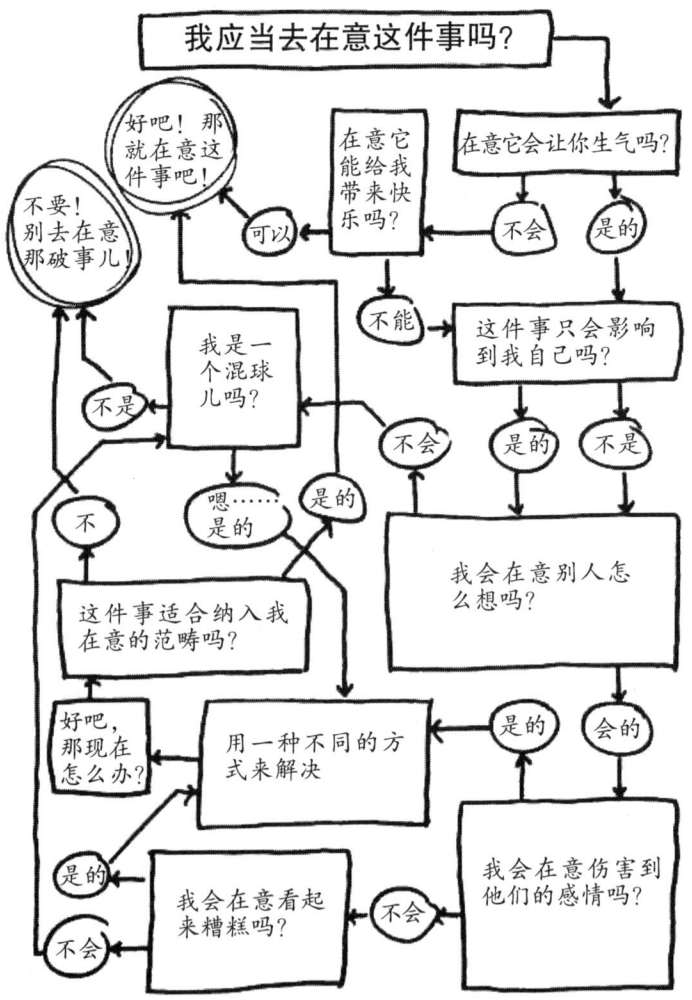

在第二和第三部分，我将：

- 带你浏览你马上就要丢弃掉的精神垃圾。
- 教你将杂事预先排序，以期做出自信而高效的决策。
- 提供我自己的清单，共包含十件我个人不会去在意的事情。
- 向你展示各种策略以实现步骤二（不在意它）。
- 帮助你分辨必须去在意的事情，所有这些将让你承受最小的压力，收获最大的乐趣，并且拥有改变整个人生的魔力。

但是现在，在你进入这个境界之前还有最后一次操练……

一场可视化练习

坐下吧，来放松。

我希望你能拿出一分钟时间来自由地环顾一下现在让你感到压力的所有事情——来自朋友、家庭、社会的，甚至你自己扭曲的责任感——你在意着它们。

这些包括，但并不局限于：找一条与你的手提包匹配的腰带、社交网络、乡土民俗饮食、热瑜伽、原始饮食方法、哈利·波特系列书籍、康普茶、"趋势"、初选投票、播客、芭蕾舞、布雷特·伊斯顿·埃利斯、标签、公平贸易咖啡、云计算、别人的孩子、虔诚的基督徒、了解中国经济、照片分享软件上的猫咪、《美国之声》、你的继母，以及/或者"火人节"。

你感觉紧张、恶心、焦虑、生气？像生病了似的，对不对？

很好，那么不抱歉法则要开始起作用了。

现在，看清楚如果你停止去在意那些破事，你会多么快乐和无忧无虑。

热瑜伽？根本不要在意！

云计算？要在意的事里面没有它。

照片分享软件上的猫咪？抱歉，你已经从那些破事中挣脱了，喵。

这样难道不是感觉舒服多了吗？我告诉你，你决定不再在意琐事的那一刻，你就开始过上自己最棒的生活了。

下面，让我们一起进入怦然心动的人际关系清理术的步骤一：决定不在意一些事。

第二章

决定
不抱歉

在第二章里面，我们将整理出所有扰乱你大脑的琐事。很不幸的是，我们并不能像近藤麻理惠教你处理袜子那样把那些琐事扔到地板中间。

但是别担心，我有跟这类似的办法。

我将分享四种潜在的琐事，我们一种一种来说，我保证这会很有趣！肯定比你同事的卡拉OK生日聚会（这也会在第二章当中进行讨论）有趣得多！

到最后，你将会为自己大脑里储存的每个种类的事情都列出一个单子，并且使用它们来帮助你辨别哪些是令人烦恼的，而哪些又会带来快乐。然后，你就会完成第一步：决定不去在意哪些事情。

一旦开了头儿，你就会觉得这是一个非常简单的过程。甚至有些……使人上瘾。我保证，你操心的事儿越少，你就越不想操心。

这种感觉很棒。

你的大脑是一个仓库

对你来说决定不操心琐事是一个极大的解放。不操心琐事——并且在这么做的同时不会伤害其他人的感情,或者成为一个混球儿——会更好。

但是首先,你必须看到本质,认清自己。

第一步就从理清你大脑内的存货开始,你可以把需要自己在意的所有琐事分成两类——让人厌烦的和给人带来快乐的。而后,你可以相应地决定理会或者不理会它们。

如我所说,需要你理会的那堆事儿不会自己跑到地板中央……但是,你可以。

稍后,当你准备好了,我会让你坐在地板上(最好是硬木的——不舒服的感觉会激发你的想象)并且将你的大脑视为一个乱七八糟的房间。不,实际上我们应该把它称为一个巨大的堆满废物的仓库。这间仓库堆满了眼下需要你去处理的所有事物,无论你在不在意它们。

这个仓库就是一个堆满破事的大烂摊子。

（你见过想一口吃成一个胖子的人吗？我想我有点操之过急了。）

接下来，你得在你的精神仓库里费力穿梭，记录所有有用的东西（你想理会的）和所有无用的垃圾（你不想理会的）。甚至，你还可能会发现一些自己已经忘记在意的东西，这些都需要你在大脑／仓库中设置一些空间。你需要甄别你在意的每一件事；你会确认它，按顺序排列好，冥思苦想自己是否真的想要并且需要去在意它。

当你同时面对所有期待你去处理的事情的时候，你会神经紧张，内分泌紊乱，并且你的心脏可能也开始咚咚地狂跳。这才是关键。

你们可都看清楚了，这就是我们什么事都理会的下场。

大多数人只是时不时地把头探进仓库里瞅瞅，却从来不会翻看里面堆积如山的垃圾，更不会想着对它们做点什么。在你动心思把它们清理出去之前，你必须得真正走进仓库并且在意一下里面的东西。

是的，你必须经历它们，才会充分认识到自己浪费在这些事物上的时间、精力和／或者金钱——并且为自己可以永远远离它们而感到兴奋。

在你对精神仓库中的内容进行总结整理之后（像我刚才说过的，这个稍后会在第二章中出现），你会将所有潜藏在它内部的需要理会的事列一张单子。

一次就彻底将它解决掉，你会找到一个让自己放松生活的办法，即使那些事情会随着时间流逝而发生改变。例如，当节日假期来临的时候，你不会再让精神负担堆积如山，因为一开始你就会运用工具和意识将自己没兴趣的事情从大脑／仓库中清理出去。

再强调一遍：你必须把每一件要处理的事情都列出来，无论你是否想去理会它。眼下，你想要在意和应该在意的事儿或许就堆积在你不想理会的事情之下或者后面呢——就好比只关注你妹妹的生活总体上幸福就好了，而不用操心类似她的新男朋友在生殖器上穿了个孔这样的细节。

我告诉你，这里面可是乱得很呢。现在，你仅仅是找到了头绪而已。

阿尔伯特·爱因斯坦曾经说："如果我用了一个小时的时间去解决一个问题，那么我会花55分钟去思考这个问题，而用5分钟来获得解决方案。"他是一个聪明的家伙，难怪他得了诺贝尔奖。

花时间去搜索一下你的精神仓库，挖掘出所有令你操心的事情，并且将它们一个个地罗列出来。我确信这样将为你揭示出未来应该怎样处理事情以及如何能过上最棒的生活的答案。

在这点上，你一定要相信我，或者，你起码要相信爱因斯坦。

将事情整理分类

> 在不抱歉法则的帮助下，我整理出了四种潜在要关注的事物：
>
> 事情
> 工作
> 朋友，熟人和陌生人
> 家人

总的来说，这些种类包括了你不愿意关注的人和事。但是，我们得将它们一个一个地解决掉，这样会让整个过程更容易一点儿。好啦，别客气了。

我强烈建议你遵循我划定好的顺序。在这些事中，琐事是位于第一位的，因为它们是死的，不会给出任何反馈。然后是工作，因为它会引发一些苦涩和怨恨的感觉，几乎我认识的每一个人都会有这种感觉，这可是一种良好的动力。一旦你适应了这种环境，那么接下来就是朋友、熟人和陌生人。家庭在你不在意的事中排在最末位，其原因是显而易见的。

看吧，我知道怦然心动的人际关系清理术让你感到非常兴奋，你很想冲着你的姐夫大喊一声"滚出去"，让他再也不要把你添加到那宣传国家移民政策的群里——但是不要向诱惑投降。我可以明确地告诉你，家庭里的矛盾会让你悲观绝望。

我的意思是，家庭是一个产生麻烦事的危险雷区。

毫无疑问，家里的麻烦事是最难以置之不理的。比如，一提到家庭，一种责任感就会油然而生，它甚至会取代感情和意见。这就是为什么我建议将责任感添加到不要去理会的事物清单里，这样一来你就必须要在遇到一个特别的亲戚，或者与家庭相关的事件又或者纪念物之前，明确你的责任感。

一旦你解决了前面的那几类，那么，你就能将自己对大姨妈约瑟芬的破烂毛披肩抱有的感情同自己对大姨妈约瑟芬本人的感情区别开来。听我说完这些之后,你一定会相信我的话:你会在瞬间向那目光机警的海狸毛披肩挥手再见!

准备好了吗?

好了,让这些该死的节目上演吧。

事情

如前所述,事情这一类指的是无生命的对象和概念,它们不具有你那些人类同胞才有的令人讨厌的感情和意见。

当然,准确来说,你列出的清单上有一些内容指的是某个人(例如,我认为感恩之死乐队是一个事物,尽管它是依托在人的身体之上的),并且他也可能被严格地限定为陌生人(我个人并不认识感恩之死乐队的任何一名成员)。但是当我说陌生人的时候,实际上指的是你遇到的并不认识的人,比如你在假期当中遇到的那个非常努力地向你推销分时度假的家伙,而你可能会说:"伙计,我对你推销的分期付款或者你能不能完成你的任务没兴趣。"如果你已经把分期付款列入你需要处理的事情清单中的话,那么推销分期付款的伙计就不再出现在你的陌生人名单中了——虽然有点麻烦,但这确实没有伤害到任何人,尤其是在计划的起步阶段。

不管怎样……

哪些是我在不在意都不要紧的事情呢?

如果要我把现在自己大脑仓库中存着的事情罗列出来,这个单子的内容可能包括(但不仅仅局限于):

1. 为我即将到来的假期做计划。
2. 写完这本书,然后去度假。
3. 唐纳德·特朗普是共和党参与总统竞选的最佳人选。
4. 担心假期里会不会下雨。

如你所知,如果清单里有令人厌烦的事情,那么我根本就不会在意它们。反之亦然。

在研究确定清单的过程中,我意识到自己确实从做假期计划和写作这本书当中找到了乐趣,而特朗普的总统竞选成功与否和下不下雨这种问题不仅仅令人厌烦,也不在我能掌控的范围之内。因此，我应该把自己的关注点放在前两者上，并且准备好像扔掉一堆堆腐烂的干草和硬邦邦的马粪一样将后两者从我的仓库中清扫出去。（不过清扫是第二步的内容——我们很快就会说到）。

那么现在，你就来详细查看一下你自己的精神仓库，把在其中能找到的所有事情都罗列出来吧。没准儿你的清单内容会跟我的重合，也没准儿你会选择生活在西雅图或者英格兰，因为雨水会带给你快乐。我不想假装成很理解你的样子，但这可不是说我在判定你该如何。哦，也没准儿会有那么一点儿意思……不过现在你应该对我的做法更了解一点儿了，而不是完全置之不理，对吧？

关键就在于没有任何两张清单是完全一样的。

问问你自己：在查看你的精神仓库的过程中偶然发现了哪些会让你不由自主地愉快地舒一口气的东西呢？有些事情会让你泛起一种卡着东西又吐不出来的感觉，这是什么样的感受？

它会带给你快乐还是让你厌烦？找时间把它们全部罗列出来吧！

为了启发你，我列出了下面这个清单，里面罗列着会扰乱我的精神空间、令我陷入无休止的烦恼的事情。几年之前,我就已经不再将自己宝贵的精力放到这些事情上了。(这只是那些破事儿的冰山一角,但是你将从中得到启示。)

我个人不在意的10件事情

1. **别人怎么想**。记住:这是不能讨价还价的,所有琐事的源头都在这里。

2. **拥有一副"比基尼身材"**。噢,天啊,我不再去在意我穿着泳衣的样子了,它就像一窝穿着黑色紧身衣的猫咪从天而降,专门为我的大腿和腹部表演歌曲《所有的单身女郎》,真是太神奇了!

3. **篮球**。我从来不喜欢也不懂篮球。我从不看篮球比赛,即便被邀请观赛,我也不会去。我只是不关心这项运动,并且我的人生也没有因此而变糟。除了波士顿红袜队,你还可以将这套说辞运用到任何一项运动或者一支运动队上,反正我是这么说的。

4. **做一个早起的人**。在人生的大部分时间里,我都为自己没有能够有效地利用早上的时间而感到羞愧,没有在中午之前做好计划,并且常常只是掐着点儿参加早会。人们总是会褒奖早起的人,鄙视我们这些未能(或者不能)按时到达的人。一旦我拥抱了自由生活，我就再也不会想着去做一个早起的人。做早起的人？我们就把这当开心果吧。

5. **泰勒·斯威夫特**。当每一个人都狂喊着"泰—泰！"时，我的反应可能会是"太没劲了"。

6. **冰岛**。冰岛的确是一个美丽的国度，但是每当有人向我讲述他们一生一次的冰岛之旅计划，或者他们在冰岛多么快乐，又或者"大多数冰岛人相信有精灵"的时候，我的眼睛就会像在看尼克斯队比赛一样变得黯淡无神。

7. **微积分**。这个可能是我人生当中最早不关心的东西。我的高中指导老师坚持认为我必须修这门课程，这样才有希望考上一所好的大学。我冥思苦想了很久，但是最终决定不去理会微积分这门课程，并且坚持了自己的想法。我没有修这门课程，但还是走进了哈佛。你不用对这个结果有异议。

8. **假装真诚**。我就是那句"如果你没什么好听的话要说，那就干脆闭嘴不言"的典型代表。我就是不想去说假话。

9. **密码**。这是我最新的成功事例。过去我非常担心甚至非常焦虑个人信息安全问题，但是后来我读了一些专家的文章，暗示我们每一个人都是满脸粉刺的斯拉夫少年，无论如何都不会被黑客攻击；因此，我想没准儿我可以在所有地方都使用相同的密码。这真的很重要吗？然后，我意识到与我相伴 16 年的丈夫依旧不知道我电子邮件的六位数密码——所以我没准儿可以不再为我的盖普、安泰勒和维多利亚的秘密这些购物账户设置新密码。到现在为止,一切都还不错。

10. **谷歌+**[*]试都不要去试。

我单子上罗列出的东西可能包括确实需要你在意的事情,也包括那些你在不在意都行的事。当你边围绕着你的仓库转悠,边听着《摆脱它》的时候,你真的会感受到自由。

或许你对诸如穿不穿内衣、用不用牛津逗号,还有走人行道或者上楼梯时要右行这些事情都满不在乎。(你可以说自己的这些举动是因为自己是一个混球儿,或者欧洲人。当然,也没准儿两者都是呢?)

无论怎样——反正你可以随心所欲了!

另外的一些事情

在我写作这本书的过程中,我真是放开了去说自己不想理会的事情(显然,我对纯天然花生酱非常抵触),虽然这

---

[*] 截至写这本书的时候,连谷歌都停止了谷歌+。

只是我个人的开心事儿,但刚开始尝试不抱歉法则的人可能会发现查看我的事情清单以及学习我怎样获取更多的时间、精力和／或者金钱会对自己很有帮助。

还记得我们说的那个预案吗?这是我实际生活中应用的那份:

不在意的	要在意的
伊朗核威胁	气候变化
希腊酸奶	关于鹰嘴豆的一切
豪华野营	激光脱毛
龙虾	请再来点鱼子酱
教皇的最新观点	里斯·威瑟斯庞的照片分享
餐巾环	杯垫
奥林匹克运动会	看完《无耻之徒第五季》
阅读《纽约客》	随便什么别的可以做的事
去健身房	睡大觉
参加"脸书"上的问答竞赛	愣神
高校橄榄球赛	校园强奸案
宝宝俯卧时间	给自己找理由多喝一点儿酒

或许,我清单上的一些东西看起来过于简单或者肤浅,但是我向你保证,它们可都代表了一种我对时间、精力和／或者金钱既清楚又量化的分配方式。

例如，去健身房让我倍感压力，但不去又会感到内疚。决心不再在意这事之后，我将自己从那些感到内疚和不自信（以及肥胖）的状态中解脱出来，快乐地沉溺在每天早上多出来的一小时睡眠当中。就这样，我对时间进行了重新分配，也节省了精力，如果你的关注点在会员费上面，那么我这么做当然也是很省钱的。

这可谓是一箭三雕啊！

（当然我也不能对自己夸大不谈酸奶或者不喝酸奶的好处。老实话，哪怕只是告诉你这些，我都感觉好极了。）

在对这几个种类进行查看的过程中，你会分清楚哪些让你心生厌烦，哪些又会带给你快乐。对其中某些事情的安排可能会让其他人对你产生怀疑，但是有必要替他们操心吗？你已经超脱出来了，今后的日子就是少管闲事儿，过自己最棒的生活。

我知道自己就是这样做的。

你只要知道：在你读到这里的时候，我已经完成了不抱歉法则步骤二中的所有内容啦。我终于可以不用再纠结餐巾环和《纽约客》，还有用激光去除比基尼线外生长的体毛这些事了，并且有大把的美好时间一边津津有味地品尝着萨布拉经典奶油鹰嘴豆，一边四处张望了。而且就算奥运会临近，我也根本不会去关注那些奥运赛事。

没错，有目标可是很重要的。

而说起目标——这就好比，即便是一个一无是处的人，只要他能做到每天训练10个小时，每天都能进步那么一点点，他终有一天也会超越迈克·鲍威尔在东京世锦赛中的成绩，那么此刻你首先应该做的就是将你精神仓库中堆放的东西进行整理。

为了便于你开始，我在下面设置了一张表，不过不要紧张，放松一点儿开始吧。

别蹑手蹑脚的，这可是很重要的！

我可能会，也可能不会去在乎的事

工作

"工作"这个类别可比"事情"那一类要复杂得多——说得简单点儿,它包括那些沉闷乏味的对象/概念/活动——处理工作上的糟心事与处理朋友和家人之间的关系还不一样,也正是因此,它被排在了这条改变人生魔法之路上第二的位置。

而且,如果你随意问问大家在人生中最讨厌的是什么,估计很多人都会说是他们的工作、老板、同事、信息技术部门,或者与这些相关的事物,那内容可是十分广泛的。

但幸运的是,我有很多好办法来减少你在工作中要操的闲心——无论是参加不必要的会议、回避无用的文书工作,还是拒绝一个同事聚会的邀请——并且仍然让你有工作、受人尊敬,甚至广受欢迎。我们将在下面对它们进行更多的深度讨论。

谈及工作中让你会忍不住操心的情况,有两个原因是最常见的:

1. 操心老板的评价(他决定着你的薪水)。
2. 操心同事的评价(你一天中的大多数时间都要与他们在一起)。

从表面上看，这都是完全可以理解的，但是你是否真的静下心来想过：

1. 如果你做得很棒，老板怎么会舍得炒你鱿鱼呢？
2. 说实话，你真的在乎搞推广活动的盖尔认为你幼稚吗？你才懒得理盖尔和她那拯救北极熊半马拉松募捐活动呢，我说的对吧？（没事儿，一会儿我们再多聊一下盖尔。）

记住，从现在开始，你只需要在意那些你能够掌控的事情，再也不要去想那些你左右不了的事情了。工作就是一个大容器，里面挤满了各种各样的事情、人和业务，很多事情是我们无法选择的，更谈不上掌控了。

想想那遍地开花的办公楼，还有那些令人打不起精神的千篇一律的地毯、乏味的会议室以及假的盆栽花。这幅足以毁灭灵魂的场景简直让你失望透顶，或者……你可以选择不在意它。当然，你每天走进这幅场景中都会想，上帝啊，这个地方就是一个垃圾堆，我实在是太沮丧了，不过，你也可以转念去想，至少我不需要担心万一咖啡洒在地毯上该怎么办，因为这不会让地毯显得变丑多少！

其实事情的关键在于，你只能控制自己把工作做成什么样，以及自己投入多少时间和精力去将烦恼减到最少、将快乐放到最大。

将不抱歉法则运用到你的工作当中，不（或者最小限度地）去理会工作中杂七杂八的琐事，烦恼就会变得出奇得少——它可跟你因为不称职或者不顺从而被炒鱿鱼没什么必然联系。

为了让你建立起正确的思维框架，让我们重温一些常见的事例，这些事例是你在日常工作中可能会在意或者可能不会在意的：

会议

我可没有说过你必须或者应该全部推掉已经安排好的会议，尤其是在如果参加会议才能保住饭碗的情况下。（当然，这是假设你一定要保住饭碗。如果你早想炒了老板的鱿鱼，那么就请继续看后面的内容。）

但是也有一些会议是你压根儿就不需要去参加的。

例如，公司另一个部门的同事——如果你是在圣迭戈工作，没准儿他来自芝加哥办事处——就要来了。某个行政助理正在"忙着安排会议",到时候这个同事会四处转悠,跟每个人轮番聊上半个小时,说说天气,或是模糊地聊聊公司的经营状况。而现在,行政助理告诉你说有八个这种小会议要召开,你会想参加哪一个?

答案是:哪个都不想参加。

> **PPT(幻灯片演示文稿)**
>
> 史蒂夫·乔布斯对在会议上使用 PPT 也有很大的意见。在沃尔特·艾萨克森所撰写的传记《史蒂夫·乔布斯》当中,这位已故的苹果前首席执行官称:"知道大家都在说什么的人根本就不需要看 PPT。"他说得没错。
>
> 去他的 PPT。

你只需想着"花时间做这些对我可没有任何意义",然后按自己的想法继续过你的小日子。我知道,你会担心自己遇到麻烦,而且你想给老板留个好印象的想法会战胜你不想参会的念头。但是,如果你是一名称职的员工,并且知道参加那半个小时的会议毫无用处,你的老板也肯定知道这些。所以,大胆地决定不理会它,就让别人代表你们部门去参会吧,有许多无知的同事正像被蒙住双眼走在行刑路上的囚犯那样等着去参会呢。参会的人可不一定必须是你!

(更重要的是,如果办公室的人看到你这么做了一次,那么这就标志着你整天都"很忙",所以就不会再有人安排你去参会了。)

当然,有些会议是有必要参加的,你没有办法躲开它们。但是如果你发现那些会议都是在喋喋不休中浪费时间,那就别计较它们一共会浪费你多少时间了,直接决定不去理会它们就好了。理所当然地,你也不用做什么笔记了。问个严肃而认真的问题——你真的用过自己在会议上记的笔记吗?我们可得实话实说。

一旦你决定不在意别人的目光,径直拿着涂满无用内容的一页纸从每周一次的销售部门例会中离开,你就能利用这个时间去做自己想做的事情啦。就比如列出一份购物清单;或者,计划一下你的下一次观鸟冒险(那些林中小鸟可不会自己定位);再或者,写本伟大的美国小说!仅仅就是想一想你能做多少事情——那些你真正在意的事情——如果说,目前你一周浪费的时间在 1～5 个小时,那么你每年都会浪费 52～260 个小时。

哈,我估计你倒是会因此被炒鱿鱼呢。

电话会议

电话会议是一种常见的会议。它们是利用电话进行的会议。这种会议可比普通会议更加糟糕。它们是效率低下的完美产物:一个根本没有什么作用的借口,而且还浪费了每一个人的时间。只要有可能,我都会拒绝参加电话会议,并且我向你保证,即便如此,我还是一个受人尊敬的、富有创造力的,并且称职的人。

我绝对没有夸大事实:我是肯定不会去参加一个自己认为没必要的电话会议的。一旦我对电话会议说不,那效果就会立竿见影,就像我让自己每周都有三四个小时自由支配的时间来做点实事一样。你可以决定不去理会一个电话会议,反正这种会议也不会有什么实质内容。这就是电话会议的本质。如果人们坚持要把你列进与会人员名单,那么就让他们感到确实很难说服你,他们很快就会放弃的。说实话,如果说还有什么比参加一个电话会议更让我讨厌的,那就是准备召开一次电话会议。

如果你担忧自己会成为别人眼里的坏同事或者坏职员,那不妨问一下你自己,你不参加这种电话会议的做法影响到其他人了吗?答案显然是会的,但是是以积极的方式影响了他们。如果你温和地引导了他们离开这个吞噬时间、精力和灵魂的活动,你正是在将他们拯救出来——而不仅仅是拯救你自己。这就好比在给他们的钱包腾出地方,他们的钱包肯定会因为额外而至的钱而鼓起来的!

受欢迎的漩涡

被人喜爱和受人尊敬是两码事。如果你能够受人尊敬而不仅仅是被人喜爱,那么保住你的职位就会容易得多。在现实生活当中,我"喜欢"过很多无能的人,但是我不会雇用他们。

当你更在乎被人喜爱而不是被尊敬,受欢迎的漩涡便产生了。你最终会疲惫地挣扎在一个自己设计的毁灭性的烦恼牢笼中。为什么这么说呢?因为你左右不了人们是否喜欢你。你可能是一个有趣的人,但是你的幽默感可能不迎合他们的口味,因此他们也不会喜欢你。你可能是超级友善的人,但是他们可能认为你很奇怪,而不喜欢你。你可能根本就没有害人之心,但是你会让她们想起她们的前男友,她们就是不喜欢你。

你能左右什么——把你的心思放在工作上,干出成绩——这才是判定你是否值得他们尊敬的标准。他们可能会在意你,也可能不会在意你(毕竟,他们还有自己的事在忙);但是如果你干得好,至少你知道你是值得人们尊敬的。

> 干得好意味着要在所做的事情上耗费更多心力，而不是在干活儿的时候操心人们是否喜欢你，这样你就摆脱了受欢迎的漩涡以及随之而来的烦恼啦。出色地完成工作后，余下的时间你就可以自由安排了。

着装规范

这条会不会出现在你的清单上就要取决于你所在的公司类型了。显然，如果你是一名像我一样的自由撰稿人，那你早就不会在意穿什么样的裤子了。如果你是在对冲基金公司、法律事务所或者诸如此类的地方工作，那就什么话都不用说了，你十有八九得穿西装。那么这一条就要列入清单了——虽然西服上的方巾口袋总是可以给你增加乐趣。如果你从事的是零售业或者饮食服务行业，那么就要遵从统一的行业标准，直接跳过这一部分就可以了。如果你是在画廊工作：棒极了！你可以穿任何自己想穿的衣服。

但如果你是数百万公司员工中的一员，公司规定了你每天早上的着装，而且还觉得需要在员工手册当中添加一条"着装规范"，那么你就真该准备跟公司好好谈一下了。

我以前供职的公司对"周五时间段"的着装有着严格的

规定：不许穿夹趾拖鞋和皮带凉鞋，男员工不能穿短裤，而女员工不能穿超短裙，不能穿背心和其他"海滩服装"，还有其他几条不允许的情况，我现在已经自由了太久，不太能记起来了。公司里有每个年份的备忘录，首席执行官对露脚趾的季节性谴责都可以写成日程表了。可能她是想让公司看起来更专业，也可能她还饱受着脚趾恐惧症的折磨。但不管哪种情况，我都丝毫不关心。

事情是这样的：每天我都要穿着公司规定的服装在夏天令人窒息的热气中花费45分钟时间去上班，然后要在办公室中度过8个多小时的时间，而常常在我开始45分钟的下班回家旅程之前又会遇上一件与工作相关的事儿，我真的开始生气自己不能穿得随意一点儿了。（当然，也不是自夸，我的脚很漂亮。）如果要我在一年当中最闷热的那几个月里每天把双脚捂在密实的鞋子里12个小时，而且还要把我那双不穿袜子的8码脚塞进芭蕾舞平底鞋，那我们现在该谈论的就是水泡了，有水煮鸡蛋那么大个儿的水泡。

2014年夏天的一天，当我眼巴巴地看着柜子里那双我一直想穿的漂亮凉鞋时，突然觉得它们跟我上班时穿的七分裤很搭，于是我在心里骂了一句"去你的着装标准"，然后就穿着它们去上班了。

我在那家公司一直呆了8年，每年从阵亡战士纪念日到劳工节,我都满怀怒气,并且脚上还贴满了邦迪创可贴,为什么呢?因为我太在乎着装规范了!只要想到这事,我就满心怒火。

而当我穿着那双凉鞋去上班的时候,出现的情况就是:什么事儿都没有。

我整个夏天都穿着凉鞋,也没有人说一句闲话。甚至,我还在乘坐电梯的时候多次碰到了首席执行官,她根本连看都没有看我一眼。

我之前已经说过了,不过现在我还要再重复一遍:如果你干得很棒,别人想解雇你都很难。要想真正做好你的工作,就不要去在意那么多破事儿——起码有至少5件事是你可以不去在乎的,而且这样做还会有效地改善你的日常生活。着装规范就是其中之一。

毫无用处的书面工作

这一条适用于许多行业的人:律师、银行职员、秘书、零售业者——每一个在指令链条上的人。毫无用处的书面工作对我们的社会来说是一个祸害,停止在意它的决定权就掌握在你的手上!

你听说过破窗理论吗？从本质上说来，它指的是如果小的违规行为（譬如乱扔垃圾和破坏公物）是被允许存在的话，那么很快整个大环境就会成为更大规模毁灭性行为的牺牲品。

书面工作也适用这个理论。

我们得把这该死的东西扼杀在萌芽状态里。你同意去做的书面工作越多，将来你面前堆积如山的书面工作就会越多，这就像是牛顿的第四定律。

当然，有一些书面工作是你必须做的。如果不填写报税表格，人们就无法纳税。这项工作是非常必要的！但是，我说的是那些你很清楚不会有人看的报告之类的东西。它们就那样在写完之后被搁置起来，等待让它们变得更加无用的末日来临。譬如，对办公室空间标准做技术分析就是无用的。我指的是那些本应"传阅"的表格，但不知何故，它们永远无法到达预定的最终归宿，而必须被重新提交七次。而且就算很多时候缺少了这些繁文缛节，公司也没有因此而倒闭——所以这就说明了像这样的书面工作并不是公司运行中必需的，你也没必要一直做它的奴隶！

我们每个人的人生中都会遇见一些这样的事情。我建议你清除它们，看看会发生什么。没准儿，什么事儿都没有。

北极熊和半马拉松

你是在一间被同事认为适合开展他们自己的捐款活动的办公室或者类似的环境里工作吗?不瞒你说,我就是在这样的地方工作的,而在这里工作的唯一好处就是有女童子军饼干吃。除了饼干之外,你操心任何事情都是多余的。

假设搞推广的盖尔(还记得她吗?)正在为了她的半马拉松活动拉人,活动的收益将捐助一家慈善机构,虽然这件事情对盖尔很重要,但对你来说却不是这样。盖尔正在拯救北极熊抑或是其他什么东西,可你并不在乎那远隔千山万水的北极熊的感受。但你却会担心不为盖尔的活动捐款将使你成为同事眼中的一个让人扫兴的人,然后每次你和盖尔在休息室里碰面,她都会找借口出去,而不想同这么一个不愿意救助北极熊的讨人嫌的小气鬼待在一个屋子里。

现在,来问一下你自己,我真的在乎盖尔(或者其他人)怎么看待我是否支持她的慈善事业吗?在乎她(或者其他人)对我的意见吗?

如果答案是不——也应该是这样的,前提是你认真地对待这一切——那么接下来,请明确地问一下你自己,我对北极熊感兴趣吗，那么半马拉松呢？

如果对后面这些问题的回答也是不，那么你已经把它们添加到你不需理会的与工作相关的内容列表里了。祝贺你！

下一步——我们将在第三部分来讲的——是礼貌地（即不伤害她的感情）拒绝为盖尔的活动出力；也就是说你已经不在乎盖尔怎么想了，你认为她的资金筹集活动是与你无关的事情，所以不必去理会。

但是这也不意味着，你需要把自己由一个不堪重负什么都要处理的人变成一个无业的混球儿／办公室里不受欢迎的人。

当我说你可以不去在意同事们的想法时，我的意思是，尽管我不认识他们，但是你或许可以不用那么在乎他们对你的看法。

再举另一个例子，让我们来假设你的另一个同事蒂姆在当地一家卡拉OK酒吧举办生日聚会。出于某些原因，你不想去参加蒂姆的聚会，那让你感到压抑——它会让你牺牲掉一晚上的良好睡眠，花30美元购买掺了水的玛格丽塔酒，以及／或者赔上你的自尊。现在，我既不建议你为了赢得蒂姆的笑脸而接受这样一份邀请，也不建议你给他发一张泰迪熊大便放进派对帽子里的GIF动画。我只是想说你可以——礼貌地——拒绝这个邀请,世界并不会因此毁灭。你可以将它从你的清单中清除,结果就是你有了一个自由的夜晚。

啊,她成就了自己的声誉

我说到的那种不理会工作中的破事儿的人实际上都不大在意伤害其他人的感情,而更在意损害自己的声誉。而这正是为什么不抱歉法则的重点在于不伤害人们感情的同时,也不要去做一个混球儿。这两项都会影响到你作为员工、同事或者老板的声誉。

这里的关键就是准备和技巧。你需要把自己在乎的事情思考一翻——通过浏览你的精神仓库,列出清单,并且参考你的预案——在它真正伤害他人的感情之前。然后,采取相应的行动。

例如,如果你认为自己对公司的年度野餐不感兴趣,那就……不要去。他们才不会因为这个就炒你的鱿鱼呢,你可以利用这三个小时的时间追《唐顿庄园》这部剧,或者与喜欢的人在一起。(啊,我们开什么玩笑?总是《唐顿庄园》。)而且你也不需要打电话硬邦邦地拒绝参加野餐嘛。你只要及时恰当地表达自己的遗憾就好了。要说实话吗?那就是根本没有人会在乎你是否参加了聚餐，你的存在感才没有那么强呢。

正如奥巴马所说，"恕我直言"。在工作当中我一直关注并总是会在意的事情之一——在办公室工作或者作为一名不成材的自由职业者——就是我的声誉。预估我的时间和精力，磨练我的专注力和创作能力，以及总是受人尊敬，这些都是构成良好声誉的因素，它们才是位居我的清单上前几位的事情。

如果我落了一个不参加电话会议的名声会怎样呢？嗯，你兴许会把我和我的电话号码写到男厕所的墙上。不过随你怎么做吧，反正我不在乎。

这不是无用的书面工作

如我所说，理想的状态是你坐在硬地板上，浏览你的精神仓库，在你感受精力过度消耗的过程中屁股慢慢地变麻木。但是，如果你在开会的过程中就列出了清单，那么我只好说这是一个工作类别中的例外。

记住，工作里包含的内容超级多，包括老板、同事、办公室政治、会议、备忘录，等等。而同事还包括子类别，比如感情、生日和生病的小宠物。

想象一下在你的仓库墙壁上有一套嵌进去的金属文件柜。请将抽屉一个一个地打开，将你在里面发现的所有与工作有关的事情列成清单。

之后（并且只有这时候）你就可以进入第三个类别：朋友、熟人和陌生人。

一份难度说明书

这潜在的四类情况就像袭来的飓风那样会带来更大程度的危害。我相信你有能力抵御这些攻击，但是如果你很紧张，那么就只需要知道我们这里正在谈论的都是非常实用的东西就好了。

这就好比，如果你曾经坐在沙发上幻想如何在你朋友的诗歌大赛开始前的最后一分钟突然离开，那么你就真的会对进入下一个类别感到异常兴奋了。刚开始的时候可能会有一点不舒服，但是当你一听到来自邻居罗杰斯先生家里连续敲击的《伊利亚特》主题音乐，就急切地想要把刚喝下的四杯热皮诺葡萄酒从膀胱里释放出来的时候，你就不会感觉不舒服了。

我在意或者不在意的与工作相关的内容

朋友，熟人和陌生人

我们爱我们的朋友，这就是为什么他们是我们的朋友。但是所有关系都是复杂的，有时候朋友之间也会出现令人恼火的情况。我就总是这样，比如我喝醉了就会把东西放在头顶上，还会逼着朋友们给我拍照。我知道这么做很烦人，但是，嘿，或许他们应该在我喝第五杯酒之前就悄悄离开！所以说，这就是为什么学习人际关系清理术是非常重要的，因为上面所说的这种情况会给友谊蒙上阴影——甚至破坏友谊。

事情是这样的，其他人在你的精神仓库中塞进了很多他们在乎的事儿，其中一些是短期的存储，还有一些会堆积在角落里被尘封很多年。但真正的问题是，这些东西一开始是怎么到这儿的？

嗯，没错儿，就是你让它们进来的。

设置围挡

在你探寻不被朋友、熟人甚至陌生人烦扰的过程中，你可是很有必要在你的仓库周围设置一些围挡的。

或许这些围挡都是无形的,就像人们为了防止他们的宠物逃跑而设置的电网一样。比如说每次你去某对夫妇家里的时候,他们那体型庞大的涎着口水的狗总要来舔你的脚趾,就好像它们是由狗粮制成的一样。这样,你就想要避免去那儿,不愿再为他们那只爱舔脚趾的狗而恼火。你不在乎他们的狗,但是你可不想告诉他们这一点,因为你猜到这样做会伤害他们的感情。你可真够礼貌的!在这样的情况下,你就可以设置一个私人围挡:你邀请他们来找你,或者去一个别的地方,在这个地方你的脚趾不再会受到伤害。而如果他们在他们的房子里有聚会,没准儿你可以推说自己的胃有点儿疼。偶尔因为胃部不适而拒绝邀请才不会损害你们之间的友谊呢。

有时候,你的围挡会设置得更明显一点儿,就像一个雅致的禁止入内的标志,或者监狱院子四周安装的电网一样。

例如,在我最初想到怦然心动的人际关系清理术这个念头的时候,我面临的是酒吧琐事。我有一群朋友,他们都特别特别喜欢去酒吧。在威廉斯堡!(对于那些不知道的人——布鲁克林区的威廉斯堡一带,就是一个非常可怕的嬉皮士聚集地,到处都是留着胡子的流浪汉和空啤酒瓶子。)他们一直苦口婆心地要我加入他们,而我却一直找蹩脚的借口推脱。然后,我必须记住我的借口,以免我以"要午睡"的借口推掉去酒吧,却又被他们在"脸书"上抓住。

而一旦我接纳了怦然心动的人际关系清理术，我就不用拍着脑袋再去想一个又一个蹩脚的借口了——然后不得不自己翻查一遍我的社交圈，以确保我不会因撒谎被发现——下一次他们问的时候，我就会说："你知道吗？我真的不喜欢去酒吧，我也不喜欢威廉斯堡，所以我对此的回答总是'不'。现在我只是来告诉你们一声，并且把我从去酒吧的邀请和拒绝邀请的借口中解救出来。"

我竖起了我的篱笆，它就像一个装饰品一样！

你会担心如果你礼貌地说出真相，你的朋友会对你生气吗？那你就多虑啦。不抱歉法则的魅力就在于你根本不需要担心，因为你已经在有所行动之前就考虑到每个人的感情和意见了——包括你自己的。

现在，我的朋友们知道了真相，我觉得自己得到了解放。我是诚实有礼的，没有谁的感情因此受到伤害，所以我不需要道歉。我根本不需要感到抱歉。

还有——最主要的收获——我不需要去威廉斯堡的酒吧了。

***

前两种都是非常容易处理的情况，但我们只是刚开始而已。在朋友这类相关的清单上还有许多复杂的、需要使用不抱歉法则去处理的事情，这就是为什么我在第三类当中加入熟人和陌生人。这样的话，你就可以在一个爱闲扯的邻居或者一个杂货店收银员身上实践一下你的方法，然后形成你自己的风格（不是给你最亲近的人的）。然后，你就不会再纠结是否要参加你朋友的"离婚聚会"或者坦然面对她对那微不足道的伤害喋喋不休了。

这就把我带到……

捐款和贷款，噢，我的天！

我们在盖尔的营销推广中初步接触到了这个概念，它以一种捐赠的名义来要钱——甚至是现金贷款——经常出现在朋友之间。你知道我说的是什么：为某个政治候选人筹集 100 美元的资金，为某人宠物猫的肥胖症骑自行车筹款 50 美元，或为"完美卡祖笛"活动筹款 25 美元。

你可以把这些众筹平台放进你不用理会的事物清单里面，但是这种赤裸裸的要现金和网银转账的借口总是会找到你。它可能来自一个亲密的朋友、一个社交媒体的熟人，或者在许多情况下，只是一个和你有共同朋友的陌生人，而你的这个朋友会为将这个募款活动转发给你和其他300个毫无戒心的"小白"而感到内疚。然后这些事情从第四类一跃上升至第一类或第二类。这实在是太无耻啦。

我不能说这种出发点很好的请求不合法,但是当许多值得你投入金钱和注意力的慈善事业以及发明摆在面前的时候——我自己已经捐助了几个——我要大胆猜测并说一句:你不可能对这些事全都在意吧。

我的朋友/熟人/陌生人,这就是你为什么要读这本书!

因特网使像"约妹神器"和在线麻将这类的新生事物成为可能,但是它也使我们许多人因为电子邮件、社交媒体和众筹网站成为乞丐。这些途径使得人们向你要钱的行为更加容易,并且减弱了你的抗拒心理。如果我通过电子邮件或者网站收到的所有请求都变成拿着海报、腰缠腰包进行老式现金募款的人,我敢向你保证,这些家伙中有一半人都绝不会拿着捐款去治疗猫的肥胖症或者尝试去制作卡祖笛。

例如,有一年迫切需要我捐款的项目,包括艾滋病、糖尿病和心脏病治疗,支持计划生育,为一个播客、两个独立电影和三张音乐专辑提供资金支持,根治四种癌症,以及资助几个通过社交媒体或者电子邮件联系上我的具有努力创业精神的人。这些资助项目有些来自亲密的朋友,有些是来自朋友的朋友，还有些是来自——是的——完全陌生的人。

在我觉醒之前，我浪费了太多宝贵的时间纠结在是否为这些慈善呼吁当中的某个或全部捐款，这样我就要捐出很多钱。但这还不仅仅是时间和金钱的问题，我还耗费了许多时间在担心谁会知道我捐款或者没有捐款上面，以及他们会怎么看待我；还有某天聚会上在跟他们谈论起这些事情的时候，我要怎么解释。

别再那样纠结了！

现在，我是一个人际关系清理术的实践者，我能很快很轻松地决定是否要在意一个请求并判断它是否会影响到别人，然后按照我的决定以一种诚实有礼的方式来让自己拥有更多的时间、精力和金钱去关注其他事情。我可以锁住我的仓库大门，只让那些（a）有空间来容纳的，以及（b）我乐意来保存一晚上、几周或者永远的事情进入。

我有没有提到过我的方法既简单方便又能有效改变人生呢？

让我们从陌生人和熟人开始，然后再逐渐上升到朋友。

假设某天你收到了一封来自一个不怎么熟悉的人的群发

邮件，显然他只是通过邮件名册找到你的邮件地址的，而在邮件里他要求你"竭尽所能"地为他在夏令营里认识的朋友筹款——为狗狗们购买太阳镜……我还真是闻所未闻。

回顾一下你已经学到的内容，如果你认为你预案中的这一条会影响到其他人，那么它也是以一种非常间接的方式呈现出来的——你并没有主动从这个非常有抱负的人（他对你来说完全是陌生的）身边拿走任何东西，你只是没有为他们的小金库做贡献而已。

其次，如果向你提出请求的人与你仅仅是泛泛之交，并非亲密朋友，那么你就没必要去解释自己的做法——或者你对狗需不需要戴墨镜持不同的意见——我自己就是这么做的。

结果就是，如果处理得当，你所担心的有人的感情会受到伤害根本就不是个事儿。我的意思是，你不需要回复所有的邮件。给狗狗戴墨镜？哈，那简直是在给婴儿刘海儿事件之后最愚蠢的想法了！你才不会因为这样的事变成一个混球儿呢。（没错儿，这两种想法都是非常愚蠢的，一个六个月大的婴儿有什么必要去弄头发呢？）

因此，第一步：当所有道理都说明白了，你还会在意给狗戴墨镜这事吗？

不会？那你为什么还不删除那封邮件呢，你傻吗？（抱歉，不过这些真的是很容易就能学会的。）

好吧，好吧，那只是一个朋友的朋友。如果真的是一个非常亲密的朋友希望你能为对她来讲非常重要的事出钱，会怎么样呢？

这时候，你就需要深思熟虑并且用上你所有的工具了：上蜡，刮蜡，给篱笆刷漆，等等。（米亚吉先生……现在有了一个不会自找麻烦的家伙。）

第一个问题：你朋友在意的事儿对你来说真的也很重要吗？你想想，它能"带来快乐"吗？如果答案是肯定的，那么你可以将它列入你的实际开支当中，而不仅仅是归入你的预案里，然后听天由命吧。那我们还进行这个对话干吗呢？

但如果答案是否定的，那就问问你自己有没有可能在不伤害你朋友感情的情况下（诚实礼貌地）解决。这取决于你的朋友是哪种人，这可能会很容易，也可能会不那么容易。

在收到最初的那个群发邮件之后，你会绝不再提起它吗？然后继续使用不抱歉法则，不要轻易开绿灯，也不要在你朋友的账户存入200美元。

也没准儿在你跟一个朋友闲聊的时候,她会提起它?("我的天啊,我的账户收益能达到17%!你能相信就这么轻轻松松地就赚到钱了吗?")在这种情况下,你应该这样回应:"那太好了!我可真替你高兴!"同时想着,我不会说任何事,除非你这个胆小鬼直接问我。

在此类情况下,你就像中国武术中的太极功夫一样,这种武术的真谛就是顺势而为,不去正面交锋。这样一来,你吸纳了对手的能量,再反击她,所以她就是在自己打自己的脸。换句话说,你可以礼貌地以自己的方式回应她的迂回进攻,甚至在她没有察觉你已经明白她的意图的情况下赢得这场战斗。

这有点儿难度——但也不是不可能的!——如果你的朋友是那种给了台阶不知道下并且不懂中国古代哲学的人。这就需要你在聚会中迅速拿出你的预案和你的意见与感情计算器,诚实礼貌地表现出自己为她感到特别高兴,并且希望她能明白你没有闲钱可以拿来帮助别人去追求她的希望与梦想。

嗯,就是这样。

去吧,就这么说。你认为它不会起到作用,是吗?

也许到最后你真的不用捐钱出去，但是你却并不相信自己能控制朋友的想法或者改变伤害她感情的这个结果。

你以为我没有遇到过这种事？不，我可是遇到过的，这就是为什么我还为你准备了一点别的东西……

个人原则

个人原则是一种迅速有效地保存你精力的好办法，它还能将伤害他人感情的风险降到很低。（听好了，如果你的朋友是那种只顾自己的人，那我可就帮不了你了——或许，她应该考虑去治疗一下。）

个人原则的作用原理：

如果有一件事情是我不想理会的，并且无论我多么诚实有礼，不理会它都可能会伤害到别人的感情，那么我就干脆将它放进"个人原则"里面。

跟着我说："我有反对筹资活动的个人原则，因为如果我拿钱给其中的一个，那么我觉得自己就得给所有此类活动掏钱。我绝对出不起那么多钱，所以如果我必须选择，我哪个都不会选。我想我对其中的任何一个都不感兴趣。"

哈！

就如我所说，你可以把任何慈善捐助、承诺，甚至冷酷的现金贷款都置于这个种类当中，因为它们通常都是同样的模式，由相同的人发起，当然还可以用同一个个人原则来解决。

充满感情地再说一遍：

"我有反对_____的个人原则，因为如果我_____给其中的一个，那么我觉得自己就得给所有此类活动_____。我绝对出不起那么多钱，所以如果我必须选择，我哪个都不会选。我想我对其中的任何一个都不感兴趣。"

现在，假设你站在对方的立场上。你可能一时间会有点儿生气，但是你真的会……争辩吗？不，你不会的。至少，你不会想去当一个混球儿。（看到我是怎么做的了吗？）当然，你得自己来实践一下。这就是我的原则——它像是我的意见一样，但是又很难让人去争辩，因为作为人，我们都会屈从于"原则"和"政策"这样的事物。

告诉你，这可不是我的首创哦。

你可能要用个人原则来反对的事情

免费专业咨询
对不起,我在研究生院读了 8 年书,累积了 23 万美元的大学贷款,难道我看起来不像那种要价高的人吗?

早餐会
可以帮你避免与严肃的人和小孩碰面。

一天之内开车四个小时的往返出行
"背部问题。"

歌厅
从不去卡拉 ok 这条个人原则能无数次地拯救你。

每人自带一个菜的晚餐
说真的,这些人是有什么毛病吗?

纪录片
相信我,这是你的朋友们最常制作的影片。

诗歌朗诵会

如果你一开始就没有接受邀请,你就不用再苦苦想着在最后一刻取消它,不是吗?

回复就是:不!

让我们在实际情况中看看个人原则的应用吧:

比如说,一个好朋友邀请我在一家画廊的开业仪式之后对艺术家进行问答采访。我对画廊开业真的非常非常不感兴趣——一想到要去这样的场合,我就想用一根刚刚扎过期奶酪的牙签挑开我的手腕——但他是一个充满艺术气息且十分敏感的人,我可不想冒险去伤害他的感情,所以我就告诉他,我的个人原则中有一条就是不参加画廊开业仪式。

有可能我到那儿只看了一眼,身体就明显发抖,然后只能径直开车回家了。因为他也知道,我在最后一次参加画廊开业仪式的时候染上了病。当然肯定也没人愿意去纠结这些。

就我的经验而言,一旦你用个人原则来回绝他人,人们就不会再强硬地要求你(尤其是以某种身体的原因表现出来时)。如果我说:"噢,我真的不喜欢参加画廊开业仪式。"那么这就是我的意见——尽管它是正当的并且我问心无愧,但是意见会比原则更容易引起争论。你或许必须得为自己的意见费点心，这会消耗你宝贵的时间和精力：

"你不喜欢画廊开业仪式？为什么？"
"是的，我觉得在那儿很无聊，而且会站得脚疼。"
"但是你可以在卤钨灯下交流工作！"

另外，还总是会让你的朋友觉得你讨厌。

"是啊，但是那里往往通风不好。我可不认为搞艺术的人会随身带着除臭剂。"
"嗯，你到底想说什么？我的体味很重？上帝啊，你真是一个混球儿，你知道吗？当然，你可以说不是。"
"我当然得说不。但是那样你还是会跟我争辩。你知道我们还会继续争下去，对吧？"

个人原则在这种情况下肯定派得上用场。它们十分神秘，并且它们往往使人感觉有点不舒服，而且真的会让谈话戛然而止。

好在个人原则是你自己制定的，所以你可以在自己想要的时候修改它或者暂停它——没有人会与你争辩，因为他们害怕会伤害到你的感情！

这种情况中会出现一些真正的忍者，宫城先生会感到骄傲吧。

屋子里的小象

到目前为止，我们都做得很棒，不是吗？我们已经将一些核心问题形象化了，懂得了感情与意见之间的不同，实践了如何不去在意他人的想法，审视了我们的不抱歉法则，还知晓了个人原则的真相（个人喜好）。我能真切地感受到那改变人生的魔法已经在你的大脑中萌芽了。

当然，这也就是说，是时候给你提升点难度了。

做到不抱歉也不一定很容易哦。简单，是的。容易，可并不总是这样。这正是为什么我们要用清单、实践方案和相关概念打下一个坚实的基础，来支撑你去防御十分难搞的目标。

譬如孩子。

我可不是在说你的侄子侄女，也不是在说你的堂兄堂妹、你的孩子或者孙子孙女——他们都属于第四类：家庭成员。他们跟我现在说的可不是一码子事。此刻，我们关注的是辨别那些你可以理直气壮地拒绝理会的人,比如那些根本与你扯不上关系的孩子。

如果你还没有升级做父母,那么让你理解不去理会孩子们的事情确实有点困难。人们对他们自己的孩子具有出于本能的强烈情感(有时候这感情有点儿过了头),因此我们很难准确地判断你不去参加一个新生儿的生日聚会是否会伤害到别人的感情,或者是否那个人会接纳你的不同意见,给你个台阶下。

这一点儿都没改变你在周日早上9点就要起床去参加一个一岁孩子的生日聚会的事实,而这件事你本来是决定不理会的——但你可能还是对进入步骤二感到焦虑,这点是可以理解的。

这就轮到我来上场了。

就像你可能已经推断出来的那样,我对孩子的魅力是有免疫力的。但是在长期的实践当中——并且因为家长往往会在酒精的刺激下毫不脸红地向一个没孩子的朋友倾吐他们丢人的小秘密——我可以告诉你,就算是为人父母的人也不愿意总是处理孩子的琐事,当然他们自己孩子的事除外。

就像一位母亲所说:"人的关注力其实就像一个漏斗一

样，我所有的精力都已经集中到我孩子的身上了。我可没心思关心你或者你是怎么做的。"

因此，你可以绝对相信这本书里包含的改变生活的魔力正是每个人所需要的，我可是对全国范围的家长们进行了调查，知道了他们不在乎的事究竟是什么，以及为什么。

这可是非常具有启发性的，我会在适当的时候同你一起来分享。

但我也得承认，这些家长将他们不想理会孩子吃喝拉撒睡的想法跟我说得越直白（越清楚），就越有更多的人站出来警告他们说为孩子做一切都是值得的。

这就是关键所在了：把你的精力投放到能使你快乐的事情上——譬如阅读，或者烹饪，或者跟你的孩子玩——不用去理会余下的事。

一位母亲站在教育孩子的角度上曾说过："就如同某人是在一个赋予他满身负疚感的家庭环境中长大一样，我想教会我们的孩子知道他们可以自己决定去关心什么事情，以及他们不需要在意别人的认可或者屈从别人，这些都是非常重要的。"

没错！

或许，最诚恳的评价来自另一位母亲，她说养育一个孩子真的能够让你把生活中其他方面的事情都推到一边，比如工作。这个新出生的小人儿有时候能够变成让你停止抱怨的催化剂，最终你会乖乖地待上几个小时、担负起更多的责任。它会让你划清管理者和员工两者之间的界限，并且坚定诚实地知道自己能够做的事情。

换句话说，那珍贵的小家伙就是让你在面对某类事情时，迈出使用不抱歉法则第一步的动力。

事不宜迟，我赶紧来说以下内容：

连家长都不愿意理会的事

从你的宝宝出生开始说起。没有使用药物的阴道自然分娩？想到小家伙的出生就会赐予你更多力量。剖宫产？自然分娩出现困难。水中分娩？你高兴就好。完全像是变了一个人一样？科学难道不伟大么！绝大多数人都不会太在意孩子出生的方式，他们所享受的是孩子的出生带来的快乐，因此，你就不要再对麻醉师是男性这件事耿耿于怀了。

是否选择母乳喂养。尽管"脸书"网站的一些评论页上可能会建议母乳喂养；但是，事实证明，大多数父母只是关心他们孩子的哺乳习惯，而并不在乎你刚出生的小宝贝是否能成功地"锁定"、你的乳头会不会皲裂，或者宝贝的免疫系统会因为盲目地照着别人的模式喂养而受到影响。你就做你自己吧，妈妈。

费伯入眠法。你不需要在任何人面前为它辩护或者对它进行谴责。没人关心你的孩子是怎么睡觉的。只要让他们睡着就可以了！

分享。大多数家长都希望他们的孩子长乐于分享以及懂得分寸的人。这就像他们不想让自己的孩子成为连环杀手一样。但是，当分享的东西涉及这玩具，或者书籍，又或是帽子的时候，分享就不再是这么简单的事了。就像一个母亲说道："如果我的儿子愿意（与你的孩子）分享他的卡车，这很好，但是我不会在操场上要求你给我喝你的 8 美元的冰咖啡，对吧？在你的孩子哭闹着要别人的玩具的时候，你可以用各种乞求／挑剔／邪恶的目光盯看着我——当我的孩子满心欢喜地拿着我买给他的玩具的时候，我会用 10 分钟的时间平静地玩手机。"

"专家怎么说。"家长们知道专家怎么说——他们读过了那观点完全不同的书籍，也学到了孩子 15 岁之前应该什么时候允许或者什么时候禁止让他们一天玩 10 分钟的 iPad。也许，他们会听从专家的说法——或者根本不在意它——但是他们肯定不会去听你这个百分百不是专家的家伙唠叨来唠叨去。

如厕训练。有些家长在谈到如厕训练的时候会产生同病相怜／幸灾乐祸的感觉——这让他们感觉自己不是在孤军奋战。或许，他们掌握了一些好的技巧；也或许，他们会因养育了一个轻松学会如厕的孩子而产生优越感。但是总的说来，这个世界上很少会有人去关心在什么时候、哪里、什么情况下，以及一个孩子从他或者她的下半身排泄出废物的间隔时间等等细节。真是恶心。

合理午睡。从我对这个话题的研究来看，显然许多家长都记得他们小时候会随时随地打瞌睡，然而现在的那些育儿宝典使他们相信短暂的小睡必须按计划进行，其严格程度一点儿不亚于贝拉·卡罗尔伊的训练之道，当然前提是他们想让人睡着。这是一个让人十分忧心的说辞——原因就是剥夺睡眠是一种折磨。但是，你知道，或许我们没必要在这一点上说那么多。一位妈妈告诉我，每当她的朋友开始详细介绍起小约翰和小珍妮的午睡时间表时，她都极其反感，而宁愿去讨论书籍或者政治，或者她刚做过的春梦，又或者马修·麦康纳的臂膀。好吧，好吧，好吧。

"直到我有了一个跟前三个性别不同的孩子，我才想到我是否应该一直这么做。"我从几个妈妈口中都听到了同样的话,我的意思是,每次尝试的概率都是五五开,对不对?那么……问这个荒谬问题的人准备照搬原来模式对待不同性别的孩子,那她是中奖了吗?

占据上风的父母。除你之外,不会再有别人在乎你孩子的学校举办了多么令人惊奇的活动(机器人!普通话!空中飞人!),或者老师布置了几个小时的家庭作业,又或者你那复杂的时间表。如果他们考虑把自己的孩子送去那所学校,或者与你拼车,那么就没有家长不操心这些事情了。

* * *

家长们!你们知道吗?从来不为这些事情操心的经历让我感觉非常好,并且我希望你也能这么做。

最后,再全面总结一下第三类情况,我有一条自己亲身体验过的诚恳建议,它可能会推翻迄今为止你所得到的一切建议——但是,正如我们所知,尼克·诺特曾被评为世上最性感的男人,这就是说世上不是一切事情都是有理由或者原因的……

有时候伤害人们的感情也没什么

嗨,别那么吃惊。没错儿,直到现在,我都一直坚定地提倡将"别人的感情"作为判断你是否要在意一件事的标准;更重要的是,在使用不抱歉法则第二个步骤的时候要考虑到他们的感受。诚恳、有礼,不要做一个混球儿。你很熟悉这些了。

但是当面对第三类——陌生人(以及偶尔见过几面的人)时,我要告诉你:有时候,在你追寻美好人生的过程中不用担心会伤害到别人的感情。

不抱歉——并把你的精力保留给对你来说真正重要的事情——是一个不断演进的过程。这就意味着要根据每天发生的事情合理投注你的精力。总有一天,你会不再为伤害了某个陌生人的感情而感到抱歉。

真的不会感到抱歉。

我可不是说这样你就可以开始在"推特"上笑嘻嘻地辱骂陌生人,或者走到大街上随意嘲笑路人了。这不是改变人生的魔法,这只是无理取闹。

但是在未来的某一天,你将会知道什么时候伤害别人的感情无伤大雅。经济学家称之为机会成本。我称之为常识。

少数情况下,在做到不抱歉的过程中伤害一个陌生人的感情也无所谓。

1. **当别人敲开你的门,试图让你信仰他们的宗教时。**你不必——我重复一遍,不必——因为把他们关到门外而觉得过意不去。没错,礼貌都丢下了,还谈什么改变信仰,但这只是表面现象。

2. **星巴克里排在你前面的人犹犹豫豫拿不定主意,你肯定等得十分焦急。**我特批准你质问她:"那么……你是近视眼吗?如果是这样,我很乐意为你背诵全部的菜单,这个过程不会比我们一直站在这里等着你做些最基本的生活选择来得长。"

3. **当淑女或者绅士站在喜剧俱乐部的舞台上进行表演时,绝对会带给你强烈的对立感。**这种情况下礼貌是一回事,而耐着性子将20分钟时间耗费在无聊的笑话和不新鲜的啤酒上是另外一回事。他或者她选择了这条职业道路——最好有钢铁般的感情。不要理会这事,径直走开,别回头。

4. **当其他女人尿在马桶坐垫上时。**这些怪物应该自觉羞愧。在我去公共厕所方便之前,我才没有工夫去考虑你小心翼翼地擦尿的事情,而且我方便的时间非常短。我会跟着你走进酒吧/体育场/会议室/宴会厅,并且我会跟你进行一次严肃的谈话,是的,我会这么做的。

5. 当飞机上有人把他的座椅向后倾斜到你的膝盖上时。伙计,如果你不尊重我的个人空间,那我也不会尊重你的。我不想伤害你的感情,但是我会在必要的时候踢你。

所以你现在已经知道:有许多的工具可以用来衡量你以后是否要在意各种各样的事情,包括朋友、熟人,或者陌生人。抽空坐在地板上,清理你的精神仓库,并且制定你的清单吧!

朋友、熟人、陌生人,以及我可能会或者可能不会去在意的相关事项

那么……我还有朋友吗?

到现在为止,我们一直都在说那些让人感到无奈的事情,但是我们这样做的目的是要帮助你了解你根本不必在意的那些事情的核心本质是什么。而制定清单和浏览那些超出你预案范围的事情的目的是要找出那些值得你关心的事,并创造出更多的时间和情感空间来维系那些关系。简单说来,这就是改变人生的魔力。

第四部分就是将所有这一切结合到一起,但是在这之前,我们还有一点儿事情要做。

是的,是时候把闲操心的根源公之于众了。

家庭成员

啊,家庭成员。

啊,他们啊。

从哪里开始说起呢?就像无孔不入的美国国税局,你的家庭当中也是麻烦多多。家人——以及所有集体合影、婚礼、洗礼、女孩的成人礼、全包度假、集体治疗课程、身为激进分子的叔叔、手足之争、表里不一，还有怨恨——每天都会不停地生成各种烦心事。

就像你的收入会按一定比例（有些人可能会说，这个占比非常大）纳税一样，你需要操心的那些事里有很大一部分是直接与家人相关的。最重要的是，不知为何这类操心事产生（或者没有产生）的后果看起来比那些源自事情、工作和朋友／熟人／陌生人的操心事全部加起来的后果还要严重。

为什么会这样？你肯定会问。我就用一个词来答复你：内疚。

一旦你觉得内疚，你就已经输掉了、完蛋了。因为感到内疚就意味着你已经没办法有效地运用工具和我教过你的方法——不只是做到不在乎，还会在这么做的同时感到幸福快乐。

内疚可不是一种快乐的感觉。它更像你的裆部突然产生了一种痛苦难忍的瘙痒感，但是此刻你正在众目睽睽之下，没办法当着大伙的面去挠，你非常想赶紧找个没人的地方去解决一下。这就是内疚的感觉。

怦然心动的人际关系清理术总是会带给你更多的快乐、满足和幸福的感觉，而不是裆部瘙痒的感觉。

学习运用怦然心动的人际关系清理术来处理在家人面前的内疚感非常重要。你必须赶紧逃离，因为家人带给你的内疚感就像一台机器，它会将你吞进再吐出，就像北欧刺客在法戈将一具尸体塞进木材削片机一样。

如果可能的话，一定要避免这样的结果。

正如你所记得的那样，前面我提到了一点儿关于义务和它与家庭关系的内容。世人都认为家庭成员之间应当相互关心照顾，因为他们被血缘的纽带绑定在一起。

停下来想一下。这有什么意义吗？不，它根本没有任何意义。

理会事情的一个关键原则就是选择高于义务。你需要按照自己的意愿选择安排时间、精力和金钱，这样你就能最大限度地去感受那些特定的关系、任务、产品或者事件。

我们也都知道，你不能选择自己出生的家庭。所以，至少，你应该知道如何以及为什么与他们相处，对吗？

对吧？！

啊，让我喘口气。

好啦，让我们至少了解一下它。

当一支雪茄不再是简单的雪茄，一个茶杯不再是单纯的茶杯

让我们假设你的母亲（祝愿她那充满愁绪的小心脏健康无恙）要将她母亲的（你外婆的）海德堡皇家瓷器传给你，但是你打心眼里不想要。你觉得这件事只影响到了你一个人，因为你才是那个不得不保存它并且装着喜欢它，还要在你父母来的时候使用它的人——但是你得知道，实际上它也影响到了你的母亲，因为你所做的一切确实都会影响到她。（你可是她生的。）因此，如果你拒绝接受这个忍受了巨大的疼痛才将你生出来的女人的"礼物"，你百分之百会伤害她的感情。

那么……这时候就该在她面前放下"意见与感情"的说辞，对不对？

啊，但是即便你母亲真的认为你应该保存这件家传瓷

器，她也并不清楚这样做会不会伤害到她母亲（你的外婆）的感情，当然你外婆是永远不会知道瓷器传到了你手中的，因为她早已不在人世了。（我深表哀悼。）

然后，你就要在大脑中思考多种情形，并且确定没有两全其美的办法，因为即使你是诚实且超级有礼貌的，你母亲的感情也会被伤害，无论你说什么。然后，你的结论就是你应该面对现实，并且装着十分在乎这些破茶杯。

在处理家务事的时候，这种情况是常常发生的。面对义务和内疚这两个敌人，你只会举手投降。

别害怕，现在我来告诉你，其实还有其他选择。

当然，我可不是宣称能将你从所有与家庭相关的罪责感中解救出来——那可是苯二氮类药物治疗的内容——但是本书的这一节会帮助你确定家庭生活中的哪些方面是真正需要以及/或者必须操心的。是的，有时候涉及家庭问题，你只能面对现实并且无奈地操心，但是我可以告诉你如何在最不理想的情况下最大限度地减轻你的焦虑。记住，你是你家庭的一部分，所以你也应该得到快乐。

调查显示……

事实证明,当涉及与家庭相关的事情时,我们都有着许多相同的看法。我之所以知道这一点,是因为我做了一个不记名的调查,这项调查邀请人们写下他们最不想理会的家庭琐事,结果连我都被大量的重复内容吓到了。(我告诉你,家庭根本就是一个雷区。)

那么,就让我们来把每个人都喜欢做的游戏玩出自己的风格,来看看妈妈们是在哪儿与史蒂夫·哈维开了个让人不自在的直播玩笑……家庭不和!

我调查中的问题是"说出家庭中你不想理会的事情"。来看看高居前六位的几个答案,从得票最少到得票最多。

第六位:我们拥有血缘关系仿佛成了你说服我做事情的理由

大约五分钟之前,我就讲过仅仅因为血缘关系去操心某人或某事根本没有任何意义。当然,你的后代例外,在你将他们带到这个世界上的时候你就欠了他们的——等到他们能够自己照顾自己——你就完全没有义务再去操心了。可是,你没准儿会认为你还需要继续操心。但实际上,你真的没这个义务了。你们当中的很多人看起来都已经明白了,那么或许你们还是有希望的。

第五位：强制性的聚会/"喜欢"所有的家庭成员

我们每一个人都是一片非常独特的雪花，没有任何两片是完全相同的。即便是同卵双胞胎也是如此！（这是真的！不信？你去查查。）那么，我们如何像双子座一样一直喜欢另一个并且想要永远在一起呢？强求那些彼此之间并不喜欢的兄弟姐妹、堂兄弟姐妹或孙子孙女都来参加不必要的家庭聚会，这本身就是错误的。

第四位：集体合影

我可没料到这项会排名这么靠前，但是，哇，人们很讨厌同家人拍摄合影。在我看来，原因就在于你根本就不在乎照片本身。明天你就可以在"脸书"上看到它，强迫自己点击"喜欢"，然后将它抛到脑后。我们现在所生活的世界已经不是那种人们会在星期五晚上聚在一起一边大口喝着杜松子马蒂尼，一边翻看家庭相册的样子了。（还有人生活在那样的世界里吗？）令本就被漠视的照片更加雪上加霜的是——就像许多被调查者表示的——照片是在"毫无防备"的状况下拍摄的（没有人喜欢被算计）或者"被迫穿成一样"（没有人希望自己看起来像澳大利亚系列洗发水广告中的一员*)。这又是一个数字游戏。如果好多家庭成员不想摆好姿势来拍摄正式合影,他们就必须拿出男人的样子,决定不在意它。

第三位:旧账

调查之中满是同胞之间的竞争、嫉妒、无谓的争执,还有戏剧性的场面!这些就像"著名的"会出现在家庭聚会餐桌上的马铃薯沙拉一样非常常见。显而易见,没有人会在乎谁说了什么、是谁的错,或者妈妈更喜欢我们当中的哪一个。(嗨,汤姆!谢谢你看我的书。)

第二位:过时的节日或者其他家庭传统

家庭成员会不断加入,也会有旧成员逝去,一些传统也是如此。然而,我们许多人似乎还被困在过土拨鼠日的传统当中——它明显不适合成为一个每年都要过的节日,并且那些与假日、假期和其他家庭聚会相关的过时规矩也都不适用了。感恩节或许该改名为"琐事节"。像圣诞节、复活节

---

* 我不会是唯一一个记得那个令人不安的广告的人,对吧? http://i1.wp.com/www.themysticwave.com/wp-content/uploads/2015/05/Aussie_Brand.jpg。

和光明节这样的宗教节日更是双倍的教条、双倍的麻烦。你爸爸从1986年开始就在每年劳动节都租用乡村小木屋来度假？三十年后的今天，它已经破旧不堪了，你最好不要再去那里度假，周末就和你自己的孩子去急诊室打破伤风疫苗好了。与"虽然我们是亲戚，但并不意味着我必须在意你"一样的道理，如果你的家人总是以某种方式做事，这并不意味着你也必须这么做，除了迫不得已的情况。此刻，发表一条诚恳有礼的不同意见将为你带来惊喜。或者，如果一切都失败了，你的个人原则也可以用来对抗乡村小木屋。

最后……奏乐欢迎，来吧……"说出家庭当中你不会去理会的事情。"

好吧，这就是一个链条。

第一位：宗教和政治差别

这两个思想的泥潭被调查对象一次又一次地提及，这就意味着他们每个人都需要好好了解一下不抱歉法则。让我们从宗教开始。它就像一个恶魔。如果你愿意这么说的话。

我是我弟弟的守护者吗？

这个问题让我们回到了书的一开头儿，也是不抱歉法则的首要原则：不去在意其他人怎么想。你的宗教观念影响着你并且只影响了你——你的阿姨珍妮弗也是如此，她只沉浸在她南方浸信会无比荣耀的哈利路亚中。她有她的观念，你有你的。如果你对与自己不同的观念保持诚恳有礼的态度，并且请求不再在家庭当中谈论这个话题，那么你不会成为一个混球儿。你的行为合情合理，如果他或者她的感情受到伤害，那并不是你的错。

让我们按照罗宾·威廉斯在电影《心灵捕手》中的方式处理：

这不是你的错。

这不是你的错。

这不是你的错。

所以，下次珍妮弗阿姨明确地在你和女友同居这件事上给出参考建议的时候，你就只需要抹去嘴边上沾的火腿蛋松饼，说道："阿姨，我尊重您的意见，但是我更希望我们不要把宗教差异的对话带到咪咪和爪爪的结婚16周年聚餐中去。"

这多么诚恳有礼啊！所以，你不是一个混球儿。

尝试一下。你可能会对它的效果感到惊奇。或者，至少这会让她猝不及防，除了一个紧张的微笑和挑一挑一边的眉毛之外，她不会做出其他回应。

我们不能高估了诚实的力量。我都不知道当你试图拐弯抹角时，你会给自己多找多少麻烦。天啊，这听起来就很累人。

事实就是，我猜你之前根本没尝试过这种方法，因为你被困在那一堆让你感觉麻木不堪的义务／羞耻／内疚漩涡当中。你已经虚弱无力了。无奈之下，你希望用20分钟的宝贵时间来主动对你的宗教信仰（或者其他内容）高谈阔论，以避免遇上更棘手的对峙。

仅仅自说自话以及解释自己所说的话是不是感觉很爽？还是……以其人之道还治其人之身？我的意思是，《圣经》里就是这么说的。

对不值得在意的请求说不！

现在，我就通过一个私人故事来说明一下我是多么地忠实于不抱歉法则，而它又是怎样为我立下汗马功劳的。为了保护家庭成员的隐私，文中人物使用了化名，但是我向你保证，事情是真实可信的。那些人可能会在某一天读到这本书并且认出他们自己，但是他们不需要感到羞愧。不抱歉法则是用来让人过最棒的生活的——他们不想成为我政治派别中哗众取宠的对象，就像我不想成为他们政治派别中哗众取宠的对象一样。

这跟选举不同，它会让每一个人都是赢家！

一天晚上，我丈夫和我以及另外两个家人在一起享用一顿温馨的晚餐，我们的话题说到了我们国家当时的总统——以及他出生情况的真实性和完整性——就在我们吃一盘美味的炸海鲜的时候。平静的陈述被打破了，大家开始各自发表意见，眼看就要变成一场长时间的辩论了，我看了看每一位家庭成员，说道："迪克、珍，我非常爱你们，所以我们不要再继续这场谈话了。"然后，我转向我的丈夫——他跟我持相同的政治观点，但是他想跟他们讨论的远远超出了我认为必要的范畴——说道："我想该结束这个话题了。"

这样甚至没有伤害一丝感情，我们转换了话题，一边说笑话，一边舔着手指上的塔塔酱，一直聊到深夜。

这才是家庭聚餐应该有的样子。并且，如果你照这样来制定你的预案，你也能够做得很好。

但是如果一切都以眼泪结束会是什么样子？

我一直努力向你灌输我的方法以及强调诚实有礼的重要性，目的就是想让你理解当不抱歉法则被真心实意地使用的时候，几乎不会出现流眼泪的情况。当然，总有些事情会变得糟糕，但是更大的概率是你会进入一个全新的冲突不断减少的阶段，并且你的家庭成员之间还会相互尊重。

如果你的家里都是歇斯底里的爱哭鬼，那么你真的会希望他们继续邀请你吗？

拒绝玩耻辱游戏

羞耻感常常会令人感到孤单和被孤立，而内疚就是感到羞耻的直接结果。我会为你提供我的研究结果，好让你知道你并不孤单。来自全球许多地方的随机陌生人参加了我的调查，并且证实了他们在一些家庭热点问题上都存在相似的情况。

这意味着，当吉姆叔叔把圣诞节聚会视为他自己的演讲场合，或者当你的表妹蕾妮强制每一个来参加你宴会彩排的客人都带上卡巴拉手镯时，其他的家庭成员可能会和你一样生气。

如果你并不是孤立无援，那么你就不必为自己做出的决定感到过意不去。

在舆论力量的帮助下，你会发现自己更容易做到不去在乎，并且能够信心满满地坚持下去。

假期：一项个人原则

我和我丈夫有一条与感恩节有关的原则，并且它十分适合我们。请根据你自己的情况随意地悄悄运用或修改它：

我们每年都要去探望三个家庭。与《黑色孤儿》中能够分身同时出现在三个地方的剧情不同，我们一次只能去一个地方，而且我们真的不想玩弄最爱的亲人的感情。所以，大概在八九年前，我们告诉家人，我们要开始一个轮流陪伴计划，从今往后，我们会按照一个既定的顺序在假期里陪伴每一组家人，绝不会有特例。没有人会因为这一年是玛丽阿姨的大寿或者因为表兄妹要谈一个八人游船的伟大交易（他们需要我们去凑人数),或者因为某人交了一个新女友需要我们见见等原因,来要求我们多陪伴一次。如果下次我们去你家的时候,她还在呢,那可以跟我谈谈。我甚至都没有去参加我的高中毕业十五周年聚会,因为这次聚会正好赶在我的"法定"感恩节期间(并不是我特别看重聚会,不过这不是重点)。如此严格执行?是的,但是没有人的感情受到伤害,这真是万幸。

好啦,好啦,好啦。终点就在眼前!

我们几乎已经说完了有可能会在意的四类事情,我的使命已经完成了,你也应该已经收获了一些改变人际关系的清理术。至少,你已经见识到了一些新的工具和策略,它们可以将你自己不想要的东西从生活当中清理出去,并且你会确切认识到还有其他人就像你一样想要(或者不想要)这些同样的东西。

但是在我们结束这本书关于家庭的内容之前,还有一个子范畴需要处理。它使你感到压力,它需要格外注意。你知道我说的是什么(谁)。

> **更多人们不需要在乎的与家庭有关的事情**
>
> 1. 群发消息保持联系。
> 2. "我父母告诉我的那些关于和我一起长大的人的故事,我已经在'脸书'上看过这些故事了。"
> 3. "当他们是我喝酒的理由时,我把我的酒藏起来不让他们看见。"
> 4. "该死的吹毛求疵。"
> 5. "我父母养的笨狗,让人难以理解的是他们竟然将这些笨狗称为'伟大的狗狗'。"

姻亲

还记得我说过的关于选择的话题吗?好吧,除非你是出生在一种强制的包办婚姻文化中,否则你就能自己选择配偶,但是姻亲却不是你能选择的。如果婚姻不过如此,那我们不如去支持一夜情。

是的,一旦结婚,你那些糟心事儿一下子就翻倍了。这有点像你在工作中得到了奖金,你在说"太棒了!"之后,国税局要扣掉50%的税,你又会说:"这是搞什么呀?"

你的姻亲们基本上就是一揽子交易;你真正想娶回家

的是你的配偶，但是经销商却免费搭上了一些额外的人。其中一些可能会成为不错的福利，比如后座带有内置杯托的扶手；其他人……也许就不是这样了。

但是就像你自己不能选择你的出生家庭一样，你完全可以在尊重每一个人的同时，根据怎样最大程度减少对你的干扰（并且最大程度增加你的喜悦）来将你的心力分配给那些姻亲们。

如果你和你的配偶能够步调一致地应对这些烦心事儿，并且共同去划分和克服它们，那确实会有所助益。

如果你家庭中的一员要结婚、生子、过生日或者庆祝一些有纪念意义的事件，这通常就需要送礼物了，去耗费时间和精力购买礼物的事儿可能会落在你的身上。而如果这份礼物是要送给你配偶那方的亲戚的，那么就要他或者她来买了。（我是不是干脆就给每个人送一本这个书呢？）

当你拥有了一堆新的家庭成员时，就会有许多日常的（或者半年一次的）项目添加到你的烦心事儿里来，我也很无奈。但是如果你想到那些新家庭成员也要因为你而多出一些烦心事儿：你的宗教价值观、你的政治观点、你的过节习惯、你讨厌为了拍合影而穿高领毛衣……

一说到不去理会这些事儿，你们拥有的共同点可能比你们意识到的更多！

所以，通过在你的姻亲身上应用怦然心动的人际关系清理术，你就能够引发连锁反应，最终得到更多的幸福和谐——少操一些闲心——对所有事情都是如此。

最后冲刺

这是你最后一次在自己的精神仓库中冒险啦，而那些被你堆在仓库中的家庭的操心事儿没准儿早就被深深地埋在一层厚厚的蜘蛛网和抱怨情绪之下了。我很同情你。家庭琐事就如同粘在假期上面的装饰物一样（总是跟假期形影不离），它甚至会占用六月中旬的宝贵时间——但是一旦你像打扫灰尘一样把它们清除掉，让它们统统滚蛋，那么你的大部分工作就完成啦。

那么就来列一下最终的清单吧，好好数一下！

我会理会或者不会理会的家庭成员的琐事(包括姻亲)

再次确认你的清单

来看看你的清单！到现在为止，你已经掌握了一些技巧，你可以用它们来决定你是否在意，把你所有可能要在意的事情分门别类。你可以绕着你的精神仓库转着圈地大跳华尔兹了，同时用手电筒照亮最阴暗的角落里隐藏的那些糟心事儿。

不抱歉法则的第一步——决定你不会在意的事——你已经牢牢掌握住了。

与你的四个类别相对应，你会有四份可能在意也可能不在意的事情的详尽清单。（坐到现在，你的下半身没准儿都麻木了。）现在好消息来了，我们终于进入有趣的部分啦——将做完的事划掉！

在你继续往下进行的同时，一定记着在意它就等同于把你的时间、精力，以及／或者金钱花在某个事物上面，而这会让它荣登你的清单之上。通过清除清单上的一些东西，不操心那些琐事，你就会获得更多的时间、精力以及／或者金钱来做其他事情。

首先，你得来一支又黑又粗的记号笔。因为没有什么东西比用又黑又粗的记号笔划去那些内容更合适的了。有些人甚至会把这么做称为"魔法创造"……

哦,抱歉,它的魔法真是让人无法抗拒。

那么,当你最后一次坐在仓库的地上来盘算你的清单时——这种动作表示你正处于清理精神仓库的过程中——一定要注意是哪些事儿唤起了你内心之中、头脑之中、本能之下的喜悦,又是哪些唤起了烦恼。

是不是有一种愉悦的感受涌动在你的胸口或者腹部?没错,就是喜悦!来吧,就让你施展魔法跨越这些琐事吧,就像死亡天使门格尔对孩子们所做的那样。

心悸?恐惧?恶心?所有这些都是将琐事划掉的标准!

近藤麻理惠最后在她的书中提到,一定要在丢弃每一件物品之前感谢它曾为你服务过,它可能是一件衣服,也可能是一个手袋……但我可有点儿拿不准是不是该感谢你那清单上的内容,你怎么看?它们可是已经消耗掉了你大把的时间、精力和金钱啦。

别感谢它们啦,来看看我希望你怎么做吧:

当你拿着黑色记号笔在那些烦人的琐事上盘旋,在那些该死的项目上写下"不再理会"这决定性的一笔，同时平静而正式地对它们每一个说"去你的"！

怎么样？这感觉不错吧。

现在你差不多可以进行步骤二了，然后开始收获那些充满魔力的改变人生的回报！我为你在如此短时间内的神速进步而感到高兴。但是，嘿，一定要确定现在我们的进展是同步的，那么接下来就一起来看看那些你不会从清单上划去的又是些什么事情呢？

你真的确定自己不想再斟酌它们之中的任何一件事了吗？

不要低估那些偶尔出现的琐事

没准儿因为你想着，嗯，某件事不像别的事情那样经常出现，所以就让它在你的清单上待着吧。面对这样的事情，你可能觉得处理它很容易，所以没有把它从清单上划掉。

我没有教过你吗？

或许是我讲的还不够清楚——因此责任全在我身上——那么就让我们来重温一遍破窗理论。如果你继续去在意那些让你厌恶的事情,这类事情就会不停地找上门来。

如果你已经努力花时间来整理各类要关注的事情,并且罗列出了你的清单,制定好了你的关注预案,那为什么不去走捷径,而是继续把你的精力消耗在让自己厌恶的事情上呢?就仅仅是因为它们每年只会出现一两次吗?

要是按照这种逻辑,那你可是永远都开不了窍啦。但是你可以在每个圣诞节都宿醉一场,并且还傻乎乎地穿着毛衣。

在意它

最后,如果你参看了前面介绍的流程,制定了你的步骤,并且确定了清单上罗列出的都是你要关注的事情。那就去吧,关注它们去吧!这很容易!这不需要我教你。(虽然我还是感谢你的惠顾。)

而对于其他的事情,就来实践一下不抱歉法则的步骤二吧——不去在意它。

第三章　不去在意它

你正处在风口浪尖上,站在这里放眼望去风景非常特别,不是吗?

在第二部分,你学会了以给你带来烦恼或是喜悦为标准来区分事情。你以它们是否适合纳入你的预案来对它们进行量化。我也教给了你可以使用的工具和观点——也就是感情、意见、诚实度和礼貌——用它们来判断一件事情是否需要去在意。

你坐在地上,罗列着这些清单,并且决定了不去理会哪些事情。没准儿你还得再买一根新的记号笔呢,因为你现在的这根笔已经没水儿啦。(我可是看见过这样的现象。)如果真是这样,那就祝贺你啦!真的,我可是真心实意的呢。

这清单会变得更棒呢。

因为在第三部分……你就会真的停止理会它。

兴奋吗?必须的!

紧张吗?别担心,我也很紧张。

让我们来想象一下你会获得的一切。这应当会让你很兴奋,准备好拒绝那些琐事吧。

神圣的三要素:时间、精力和金钱

通过停止关注所有的琐事,你会节省下时间、精力和金钱。在准备进行步骤二的时候,你要一直铭记这些,它们可是非常有用的。对这些收获的渴望会让你的大脑释放出胺多酚。而在我看来,胺多酚是具有魔力的。

现在就花一分钟的时间来想想步骤二带给你的所有快乐吧。例如:

时间

有时候你想要的不过就是有一小时的自由时间来悠闲地泡个澡,再修修你的脚指甲。如果你不在乎在邻居的素食烧烤会上露脸这件事,你就可以回到悠闲时刻,沉浸其中!

精力

有时候你希望自己能早点起床,赶在早上六点别人都不在的时候去健身房锻炼身体。只要你不在意某人邀请你参加的周二晚上那糟糕无趣的晚宴,(搞得是什么呀?)你就能够保持规律的作息,并且在周三神采奕奕地与健身房的器械约会啦。

金钱

有时候你非常想去加勒比海度假,一想到那里,你的短裤里仿佛就塞满了沙子。你压根儿不明白你的小学同学为什么会邀请你参加他的婚礼,你根本就懒得搭理他,这样你就能有时间浏览捷蓝航空的网页了,并且可以在读这本书之前给你原本打算全部用来花费在参加你小学同学婚礼上的那几千美金找个新用处,根本不用有丝毫的抱歉。亲爱的,放心吧,怦然心动的人际关系清理术一定会将你带至维尔京群岛的!

通过不理会琐事,我自己收获的东西

睡眠。

性爱。

没有电子邮件困扰的假期。

大量的猫咪表情包。

周五晚上同我的好友贝雷斯悠闲地坐在沙发上。

看看电影《行骗天下》。

> 晒出小麦色的皮肤。
>
> 自由地支配时间和精力,每隔一段时间写一本荒唐的书。

另一种用来观想你的收获的方法就是将你清单中的事情放到下面的维恩图解当中。这么一来,你就能清楚地看到你的时间、精力和金钱都花到哪儿了,以及如果你不理会这些杂七杂八的事情,自己又会得到些什么。

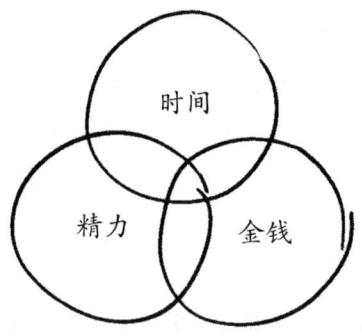

把这些记在脑子里,接下来让我们再来看看你的清单。

如果看到那些你不在意反而可以带来更多自由时间的事情,那就在这些事情前面标上一个小小的 T。同理,标上 E 来代表精力,最后标上 M 来代表金钱。(也许你很难通过记号笔做的标记来看清楚它们,但是这么做,我觉得你的头脑就会非常清楚了。)

有些事情前面可能只有一个标记,有些会有 T+E 或者 T+M 这种不同的组合标记,等等。而且,很明显,不理会 T+E+M 所标记的那些琐事会以最令人愉快的方式将你解脱出来。

不幸的是,这意味着他们可能最需要关注别人的感受和意见,同时与你的规划密切相关,也可能会让你生成一些个人原则,还得在要不要成为一个浑球儿这件事情上做出艰难选择。

但是我们能够解决掉这些难题。

在我自己的清单上,与这 10 件事相关的最终图解是这样的:

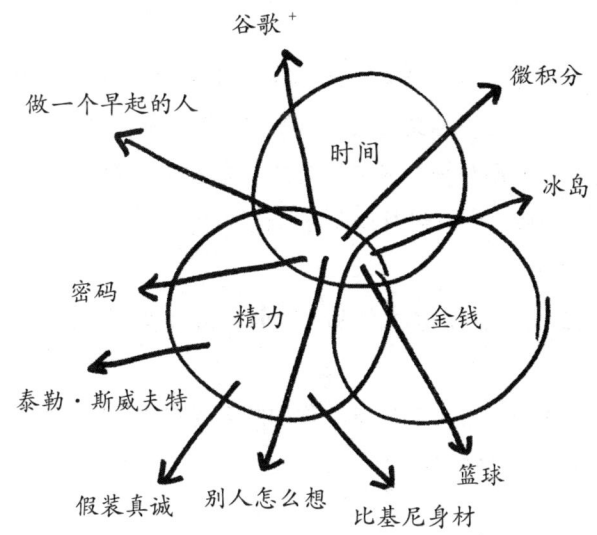

如你所见，我清单上的内容多与时间和精力有关，跟金钱倒没那么大关系。

这是因为在我看来，时间是有限的，精力是在适当的情形下能再生的，而金钱总会越来越多（多说一句，还有信用卡）。

如果你们是那些拿着最低薪水的人，那就请理解我所说的情况只适用于我个人，是相较于时间而言的——它可是从我一出生就在不断减少的——如果确实需要额外的钱，那至少可以去挣或者去借；但是却没有"借时间"这回事。我相信如果能以 16.9% 的利息率出借时间的话，美国运通金融公司是非常乐意这么干的。

但是萝卜青菜各有所爱！做图解标注的目的只是让你去识别它们，而不是真的要选出哪种资源对你而言更加有价值。无论你的图解被标成了什么样，请好好关注它们，这将会在进入步骤二的时候对你大有用处。

那就让我来帮助你找回那些时间、精力和金钱吧！

嘿，你听明白了吗？这是你的胺多酚在讲话呢。它们让我告诉你，你做得很棒！

循序渐进

不去在意琐事可以像挂断一个电话那样简单，也可以像在你的生日那天打电话请个病假一样简单，或者像在早上 7 点钟扣上一顶棒球帽就去见管道修理工那样，并不用刻意早起两个小时梳洗打扮，就像你要参加马克西姆的家乡举办的帅哥比赛一样简单。

但是不管你在列清单、决定不再理会一堆烦人事方面准备得多充分，到了真正行动的时候，往往还是会气馁不前。为了避免这种停滞不前，我建议你回顾一下前面的方法。

我想说是的，就小心翼翼地从处理你清单上的那些只会影响到你的事情开始吧。这样，你就可以在不得不面对他人的感受之前心安理得地进行步骤二了（估计你也知道，这可是极其困难的）。

你甚至都不需要彬彬有礼。实际上，你只需要对自己诚实。

黄色威胁等级：容易不去理会的事情

别去理会你"脸书"网站上朋友那一成不变的表演。"取消关注"是不去理会它的一劳永逸的办法。"删除好友"简直是有百利而无一害的绝妙做法。谢谢你啦，马克·扎克伯格。

别去在意那些皱纹。别再在乳液和精华上花钱啦，时间将皱纹刻画到你的脸上，你对脸上清晰可见的衰老迹象牵肠挂肚，而这——提示预警——实际上是不可能消除的，除非你的名字是克里斯蒂·布林克利。见鬼了，她竟然一直那么年轻。

别再妄想去弄清楚股市。不要再用《华尔街日报》敲你的脑袋啦，就老老实实地让自己在宴会上看起来知识渊博就可以了。（也没准儿可以给自己找一个理财顾问——优秀的人都是自食其力的。）然后，就利用那些时间来学习一些对你真正有意义的事情吧——或许就是少量的波旁威士忌？——就让别人来为你的这群朋友运作股票好了。

橙色威胁等级：中等难度不去理会的事情

在这种事情上花费时间、精力或者金钱显然是十分不理智的。客观来说，这类事情——当然它没准儿会影响其他人，或者需要一段关于意见和感情的对话——对你来讲根本不是问题。

那不去理会你那明天要搬家，并且还以招待喝啤酒为名来寻求帮助的四十岁的朋友呢？完全诚实（"我不会为你做人失败而负责"）在这儿或许不是最好的选择，但是你仍然可以粗略地说一些工作上事情，礼貌地回绝他。毕竟，他哪里知道你有什么工作任务呢？

那不把增进单位里的协作配合当回事儿呢？一开始你没准儿会担心老板会因为这一点炒你鱿鱼（在这个问题上，请大声疾呼），但是把心放到肚子里吧，协作配合是非常难以量化的，而你的表现对它也产生不了什么影响。就省省你的力气吧，把自己的创新精力留给对你有益的东西吧——就比如设计办公室 NCAA 游泳比赛的领奖台。

那不去理会你同事做出的生育决定呢？这个容易得很，你不往办公室里传来传去的礼物卡信封里放钱就好了。担心别人会觉得你小气？那请重新翻看一下前面的内容。

红色威胁等级：最难以不去理会的事情

要想不理会这种等级的事情，你可是需要用上所有的招数，还要在很大程度上泰然自若，并且没准儿你还得用上一两条个人计策。这类事情往往牵涉他人，有着很高的伤害他人感情 / 成为一个混球儿的风险，并且常常在社会上难以被人理解。换而言之，怦然心动的人际关系清理术就是为了这种事情发明的。是时候做好准备了！

那不去理会那些亲戚的婚礼、毕业典礼，以及类似的事情呢？ 这类事情往往早就提前通知了你，将你困住。我向你推荐一种可视化的练习：在你不假思索地接受邀请之前，想想你那天可能会有什么感觉，然后先下手为强地把这件事从你的预案中划去；或者更糟一些，你可以在前一天晚上，在机场安检处排队准备去匹兹堡参加三表哥巴里的《星球大战》主题婚礼时把它划去。正如尤达所说："我们在黑暗之中发现了自己，并用一点点知识的亮光照亮了我们前行之路。"如果你能在接受邀请之前就意识到等待你的是深深的绝望，那么你肯定就会将自己从那种充满悔恨和焦虑的日子（几周？几个月？）中解救出来，那种日子会让你感到烦恼缠身，而且还会让你因为机票和酒店而花掉几千美金呢。那倒不如干脆就向对方表达你不能接受邀请的遗憾心情，并送上一份礼物，送一个星状飞镖切肉板怎么样？

不去理会你朋友的孩子？ 首先，你得弄清楚你不用去理会的可不只是他们的孩子——而是所有孩子！从某种意义上说，这就是一条个人原则。（而如果你自己就是一位家长，那这原则就变成了"除了自己的娃之外的所有孩子"。）不过，要是不加掩饰地直接说"我不想理会你的娃"，估计不会招来什么好脸色。这样说是可以让你以后再不用跟这些娃打交道了，但是你也很可能失去了一个朋友。假设你根本不想去参加一个为连路都走不稳的孩子举办的活动，或者没得选择地被别人喊去照看他们——但是你不想失去朋友——那么你就不得不在诚实之外再加上一些有助于维护友情的礼貌做法了。偶尔给孩子一根棒棒糖或者在社交媒体上夸一句他们的孩子"好可爱！"可是会非常有效呢。这就是"一匙糖助药下咽"的哲学。（电影《欢乐满人间》：打 1934 年就出现这种方法了。）

别去理会那些小狗？ 是的，祝你好运啦。

精神喊话

在这里，我必须承认，现在，即使你决定了不去理会哪些事，用图表呈现出你的清单，并已经从容易的事情入手了,事情也不会总是一帆风顺的。显然,像我和理查德·西蒙斯这样的人已经把一切问题都解决了,但是如果这是那么容易的事情,你们岂不是都已经可以做到了?

是的,你在这里是第一次听到:你可能会在诱惑之下又退后了一点儿。这不是什么新鲜事儿,不必担心。就跟避孕药一样,不抱歉法则的效力很强,但也不是百分之百安全。如果你发现自己出现了晨呕,那就记住这个警示性的故事吧。

没有人愿意去参加的聚会

回忆一下我们在第二部分讲过的同事的卡拉OK生日聚会。让我们设想你决定了——在制定你的类别清单的过程中——完全不会去在意卡拉OK,也许只是蒂姆的生日聚会,也许没准儿凡是生日聚会都是如此。实际上,你很肯定你们办公室里几乎没人愿意去参加这个聚会,但是现在你正在读这本书,你是唯一一个有勇气说不的人。你按照步骤二去做了,避免了参加这场聚会。

你成功啦!

但是第二天,你感觉有点儿不舒服。这可能是蒂姆或者其他人在冷落你。（焦点：你在乎他们的想法吗？）你犹豫了。你开始质疑你做出的不去理会同事以及他的聚会的决定是否正确。你花费了更多的精力去担心这件事。

赶紧停下来吧。

千万不要把这种陌生的自由感和抱歉、羞愧的感觉混为一谈，这可是很重要的。你做了一个正确的决定。要知道，他们可是在聚会上把肯尼切尼斯的整盘专辑都吟唱了下来。你感受到的并不是遗憾，而是一种自由感。

最终，你会不再在乎他们大多数人的意见。

诚实：可以根据情况调节的标尺

我在第一和第二部分花了很多时间，教你学会用下面这两把钥匙使自己在不成为一个混球儿的同时关注步骤二：诚实与礼貌。我承认在某些情况下，礼貌的作用被高估了，我们或许该说，诚实其实是这两个原则中更灵活多变的部分。

诚实往往是最好的原则。它可以帮你争取公平的竞争环境，帮助你避免很多使人筋疲力尽的借口——当你不能诚实地说出你为什么没有去某个地方，并担心被别人发现你在"脸书"上登录或者在网络游戏中"获得徽章"时，就不要再提什么"社交障碍"了。

太麻烦了！

站在诚实的角度来面对那些麻烦事，你可以像这样说"抱歉，我没有时间去读你自行出版的关于侏儒的小说，但是我希望你的这本书畅销"或者"我不喜欢喝茶"。这样的话语简单而直接，如果再被礼貌地表达出来，那效果就非常好了。

不伤害他人的感情以及不陷入谎言之中，就是不抱歉法则最纯洁的出发点。你没什么好苦恼或者要抱歉的。

但是我们都知道你采取步骤一并且决定不去理会的时候已经见证一些情况了，你已经为自己那一连串最诚实有礼的行动绘制了地图，但是在实施步骤二的时候你觉得……恶心。好消息就是，如果你有"恶心"的感觉，这就表明了你并不是一个混球儿。混球儿可从来不会感到紧张激动。

我的观点就是，如果你预感到完全诚实其实并不是最好的原则，那么你就可以稍稍改变一下。为了便于参考，我制作了一个简洁的清单：

> **无须完全诚实的情况**
>
> - 当涉及某人的厨艺时。
> - 当这很容易成为"日程安排的问题"时。
> - 当你不想和任何人的治疗师谈这件事的时候。
> - 当圣诞老人和小孩子成为等式的一部分时。
> - 当与一个孕妇相处时。
> - 当与你的岳母或者婆婆打交道时。
> - 当与你含蓄的岳母或者婆婆打交道时。

不同的事情，相同的原则

在第二部分，我们学会了决定不去理会什么样的事情。在第三部分一开头儿，我们回顾了一些概念，让你思想上有所准备。现在——就用真人真事来做例子——我们要来着手不去理会它了。

没错，在这一部分，我要重拾我的研究！

利用匿名调查的结果，我将向你呈现一些经常突发在其他人清单上的事例，并且告诉你一个人怎样才能在不——跟我说——成为一个混球儿的情况下不去理会那些破事儿。

为了使你在实践怦然心动的人际关系清理术的时候能够非常放松，我要提供步骤二应用的三个层次，这取决于你的性格以及你的态度。

让我们从第一类开始：事件

在我写这本书的时候，有超过10%的回应者选择了卡戴珊或者卡戴珊家族中的某个特定成员（我正看着你呢，金佰利）作为他们不会去理会的事情。另10%的人选择的是电视真人秀或是类似节目。伙计，我不知道怎么跟你们说才好——这是一个对我们所有人来说都更为困难的问题。我花了一点儿时间来思考这个关系重大的问题，如果大家都不关心卡戴珊，那么他们为什么都等在电视机前？但是我很快便得出结论：我才不在乎呢。

继续说。

除了电视真人秀节目一派——包括光棍/剩女、所有的家庭主妇和达格尔一家——还有其他一些出现在我的清单类别中的名人,他们之中包括了麦当娜、休·杰克曼和德雷克。我认为步骤二实施起来是非常容易的,对此不必操心(除非你是德雷克的妈妈,我是这么猜测的),所以我要去解决一些更为紧迫的问题了:

回收利用

怦然心动的人际关系清理术就是把你的快乐置于首位,为你保存下时间和精力去做你在乎的事情。那么,如果你不关心拯救我们的星球……

> **新手级别:**决心回收瓶瓶罐罐,但是不再担心蜡纸和聚乙烯塑料泡沫是否合乎要求。嘘……我可不会告诉你。
>
> **中级:**通过各种手段把那些空的瓶瓶罐罐放到普通垃圾中,而不是跟分好类的袋子混到一起。你为了昨晚的聚会可是卖了大力气,你需要休息啦。
>
> **专家级别:**把回收再利用的事情交给你的配偶或者室友,不再关心。这就要看你推脱的本领如何了。试试看吧。

无线电台

我个人并不反感无线电台——嗨,伙计们!请随意给我介绍你那具有启发性、有趣的节目！——但我更能理解这种不去迷恋某种事物的想法，尤其这种想法还带有高人一等的优越感。（参见我在《纽约客》杂志第56页上的观点。）

> **新手级别：** 当某人提到了无线电台，就说"等等，等等，可别跟我说这个"，然后马上走开。他们会认为你很聪明。
>
> **中级：** 编造一个假的无线电台秀，告诉人们这是你最喜欢的，然后看着他们假装自己也在听。
>
> **专家级别：** 如果你已经成功地不再去在意别人的想法，下次当你的朋友开始对所有的事情都充满热情时，你可以昂着头说这句简短而决心满满的话："我根本不听无线电台。"

葡萄酒

参见前面，但是把话换成"我不喜欢红葡萄酒"，然后欣赏每个人的表演。

莎士比亚的戏剧"究竟"是谁写的？

如果你是一名莎士比亚研究者，你就得去理会这个问题了，至少是得装作去理会它。其他人呢？没必要啦。

> **新手级别**：当在一场鸡尾酒会上，有人与你争论起了克里斯托弗·马洛，你就嘀咕一句："马洛，是吗？"然后往地上吐口痰。他就会明白什么意思了。
>
> **中级**：如果你走投无路了，就学着《亨利四世》第一部分里的热刺一样，说："啊，先生们，人生真是短暂！"然后快速闪到隔壁房间，来一场爱尔兰式告别。顺便说一句，这是在很多情况下非常棒的策略。
>
> **专家级别**：从一开始就不去参加这些聚会。

《权力游戏》

这是另一种可以直接使用怦然心动的人际关系清理术的情形，因为没有人会拿着剑来逼你看书或者观看演出（虽然这是一种很具讽刺意味的方式）。但是在听别人讨论所读的书和观看的演出时，你仍然得有所准备。

> **新手级别**："哦……你还在说这个呢？抱歉，我急着出去一下。我想我没空看结局了——该死的！"

> **中级**：诚实而有礼貌地："嘿，伙计们，因为我不是真的对《权力游戏》感兴趣，所以现在我要出去了，等到周二早上当你猜测出来琼恩·雪诺身上究竟发生了什么事，以及与书本上写的有什么不同的时候，我再来找你。"
>
> **专家级别**：穿一件上面写着"我才不管"的衣服。如果需要的话，每周一都要穿上它。

社交媒体

打哪里开始呢？在我们现代社会中，不上"脸书"就好比是生活在20世纪50年代。我自己就是骄傲的主人／"脸书""推特"账号的运营者（当然你也知道，我划掉了谷歌+）。但是，如果你是少数幸福的人之一，致力于自由的生活，那么请保持下去，没有什么能要求你必须得去哪里。

> **新手级别**：或许就是选择一个平台，设置一个封面，然后就把它忘掉了。"脸书"网站的隐私设置狗屁不是，所以我推荐使用"推特"——它的所有设置都不错。人们在"推特"上的表现可是非常非常恶劣的。

> **中级**：好吧，不要开设任何网络账户，也不要谈论你怎么没有开设"脸书"。你这纯粹是在自找麻烦。
> **专家级别**：你听说过"鲶鱼效应"吗？

是谁吸引了谁？

感谢你，开明的人！如果你知道这与你有关系，那你在进行步骤二的时候就会觉得非常简单。

> **新手级别**：看到那边那两个同性的人在啃咬对方的耳朵了么？那样不可爱么？
> **中级**：在翻阅杂志的时候，你看见比利·乔尔的第四任妻子，与比利·乔尔那满脸性感的褶子相比，她的皮肤就像散发着光芒的月长石。
> **专家级别**：不去在意谁被谁吸引是非常容易就能做到的，一旦你达到了专家级别，你不但不会去理会它，而且还会提醒所有你遇到的人，他们做这件事是多么愚蠢。

适应一下吧。无论你能达到新手级别、中级或是专家级别，这本书都是为那些因为要对世界上的大部分事情表现出兴趣、热情和顺从而疲惫不堪的人准备的。为的是让他们（你们）轻松地成为他们自己（你们自己），并且过上最棒的生活。这就是我写作你手中拿着的这本书的原因。

第二类：工作

许许多多受访者反馈说他们不会理会会议、电话会议以及着装规范——我们在第二部分已经深入讲过这些问题了。但是这里还有一些额外而常见的问题显然也是需要用不抱歉法则来应对的：

不请自来的电子邮件

这是一个从严格意义上影响到除你之外的人的例子（即发邮件的人），但是如果这最初的消息就是不请自来的，那就不能算数了。

> **新手级别**：你被特别授权不去理会它。点击删除，再花一点时间浏览八卦网站。他们才不会在意呢。
>
> **中级**：删掉邮件，屏蔽发件人。他们自己清楚你为什么这样做。
>
> **专家级别**：为你收件箱里所有的电子邮件和优

惠券代码做更新，运行一个高级的取消订阅程序。这样做的效果就像你第一次吸食海洛因一样（至少我是这么听说的）。

八卦

如果你真的不想成为办公室这个流言制造地中的一分子，这里可是有许多不同的方法让你毫不麻烦地解决它。

新手级别：关上你的房门，如果你有一间单独的办公室的话。如果没有，那就买一副耳机。跟一个戴着耳机的人闲聊还有什么意义呢？当然没有。

中级：礼貌地说一句"我不想听这些"，然后随意地用双手捂上耳朵，直到他们明白你的意思，自己走开。

专家级别：如果下一次有人提到你的同事瑞嘉娜用手机发送色情信息，你只需要举起你的手，学我这样说："我要告诉她你说的这话。"瞧瞧！你根本不相信任何流言蜚语。

团队建设演练

不管是在工作时间内,还是工作时间外,我们所有人都还得在一起相处,这真是太糟了。我们真的需要这样做吗?这就像在领衔主演一部糟糕的费里尼电影,而咖啡比这还糟糕。

> **新手级别**:去度假。
> **中级**:请个病假。
> **专家级别**:私人时间。

拍马屁

在第二部分,我说过在工作中你不得不理会的事情和你不用去理会的事情的比例是 1∶5,拍马屁就属于后者。做好你的工作,那就不需要贬低自己去拍老板、他的助手或者是传闻中公共关系部那个与老板有婚外情的女人的马屁。

> **新手级别**:不要这样做。从不属于你的工作中退出来是很容易的。
> **中级**:如果老板要求你拍马屁,那不妨考虑拍一张他和他情妇的照片,小小地敲他一笔。遇见相同的事儿不妨都这么做,结果肯定更令你满意。

专家级别：应用逆向心理学。如果在工作中有一些事情确实需要你去关心，但是你没有这么做，那么拍马屁没准儿真能派上用场。这是你的世界，小松鼠。

同事的孩子

当财会部的保罗开始哇啦哇啦地说起他女儿在拼字比赛中取得了第五名时，你可能会认为这没什么。但是你错了。

新手级别：紧紧捂着你的肚子，说："嘿，那挺不错呢，但是我得去方便一下！"诚实有礼——而保罗会以为，你正饱受腹泻的折磨。

中级："嗯。好不可思议啊。我想知道她是从哪儿得到消息的。"诚实，有礼貌，这就是商界所说的"丢掉麦克风"。

专家级别："哦，太好了。我的女儿目不识丁。"保罗以后再也不会跟你说这些了，应该是任何事情都不会跟你说了。

公司任务说明

你听说过"无限猴子"定理吗？他们曾将这个定理应用在辛普森一家身上，当时伯恩斯先生有1000只猴子在用1000台打字机打字，有人认为，只要给予足够的时间，这些猴子就能打出狄更斯的作品。公司的任务说明就是这么创造出来的，也因为这个，你根本没必要去记住或者坚持它们。它们是数不清的"头脑风暴"和"聚焦小组"的产物。美国任何一群猴子都可能在任何会议室里制造出最温和、最普遍、最不具潜在攻击性、最愚蠢的复制品。

> **所有级别**：我建议你在每次遇到一份公司任务说明的时候，都不要阅读/理解它，而是花上两分钟时间来想象一下正有一屋子猴子吸着雪茄高兴地噼里啪啦敲击着键盘。我真的认为这样对你更有用。

"这是谁的工作？"

这是一把双刃剑。显然我们谁也不想去做别人的工作。但是我听到有年轻人大声说不理会"这是谁的工作"，而这时这种争论就变成了一个不去完成最简单的工作的借口，但这些最简单的工作却往往是支撑起整个工程的基石。沙琳不及时收拾她的内裤，别人就更不会帮她收拾了，不是吗？好吧,她实在是邋遢死了,但是如果不把整个女装部收拾得一尘不染,我们谁都别想离开。

> **新手级别:**就自己动手吧,在周一的时候开始着手。你没准儿会花费一点儿时间和精力,但是下周沙琳被解雇的时候,你就会很开心了。稳赚不赔啊。
>
> **中级:**这一次就代替她来做(计划着打她的小报告),但只是出于好玩,记得留张纸条告诉沙琳,她来日无多了。
>
> **专家级别:**建议大家抽签来决定。记得在你的口袋里随时放上一根搞恶作剧用的稻草。

其他人的周末

这对你的一些同事来说就像是一个打击,但是大多数人都可以利用周末来避开"做工作"和"跟同事谈话"。在你周一回到办公室的时候,如果正遇到一位同事在谈论玛莎葡萄园岛上站立式冲浪板课程的事,你就可以采用对付保罗和他的"拼写天才"同样的第二步策略。正如1977年吉米·卡特政府管理与预算办公室主任伯特·兰斯曾说过的那样:"如果没有坏掉,就不要修理它。"

> **新手级别**:"赶紧跑!"(紧紧捂着胃)。
>
> **中级**:"嗯……谢谢你讲得这么形象……"
>
> **专家级别**:"我(妻子/丈夫/其他重要的人)在一场突发的沉船事件中死去了。"

绩效评估

如果你想保住自己的饭碗,你就得在业绩评估中脱颖而出。但是——我知道这听起来跟你想得不一样——你坐在那儿根本不会在意这件事。为什么?因为在这种情况下结果已经是既定的了,你的老板早已做好了评估。今天你只不过是来听听结果罢了。

> **初始级别**:拍下你老板只穿着内衣的照片。希望这样做能够让你解气,而不仅是让你恶心。
>
> **中级**:拍下你老板穿着超紧身西装、脚踩亮片高跟鞋的照片。
>
> **专家级别**:穿着超紧身西装、脚踩亮片高跟鞋去参加业绩评估,你马上就会成为领袖人物。

你的同事塔伦蒂诺究竟算不算得上"真球迷"？

只有一个人就此做出了回应，但是我希望无论你是谁，去读这本书是因为，它就是——像是——一件法宝。我希望你的同事也会读一读它，因为他或者她在很多情况下都需要应用步骤二。放下它，保持完全诚实。你甚至都不必保持礼貌，请把你自己和你办公室中的其他人都从痛苦中解救出来。

工作中的终极级别：停止工作

学了这么久，或许你已经弄懂了工作中某些难解的真相。也就是说，你讨厌关于它的一切。你去精神仓库旅游了一圈，制定了你的清单，意识到你的精神空间因为无尽的烦恼要崩溃了。无论你多么卖力，也关不上它的大门，而你越来越担心所有的麻烦事都会找上你，把你压死。

如果真是这样的话，我很抱歉地告诉你，仅仅不去理会电话会议和同事的孩子是不够的。你需要换一份新工作。我们在讨论步骤二的终极情况：辞掉工作。好吧，或许你今天不会辞职——我可不是在说你应该放下这本书，点燃你老板名牌休闲鞋上的流苏，在还没有找好下一份工作的情况下就点火烧了它。

> 但是站在这个角度想一想：你每天都在抱怨自己的薪水。所以，虽然要找份新工作可能得花上点儿时间和精力，但是它们会换来长期的愉悦！一旦你找到了新工作，你又会重新走上在意薪水多少的路。等到那个时候，没准儿你又得让自己钻进一个新的精神仓库。这是你自找的。

第三类：朋友、熟人、陌生人

我在这里要用一个稍微不同的方法，因为这些会关系到朋友、熟人和陌生人，而与其他类别相比，他们人数众多，更加不固定，也更加复杂。

也因为多样性是生活的调味品。

除非你换了工作（有时甚至是换了之后），不然与工作相关的琐事都是相对固定的（同样是你知道的那些，只是日期不同罢了），事情往往都是单调乏味的，因此在进行到步骤二的时候也不需要那么多的技巧。而家庭成员则年复一年地保持着一种稳定的轮番上阵的状态（多亏那些我们在早前讨论过的美好的传统节日）。

但是朋友、熟人和陌生人总体上来说更加难以预测。他们在你的生命中有规律地进进出出（特别是陌生人，他们不断地因为各种请愿书、糟糕的停车和"社区外展会议"而冒出来），他们经常成群结队地出现，这使得进行步骤一变得困难，更不用说步骤二了。

幸运的是，一种普遍的人生规律——如果你能掌握其迷宫般的缠绕扭转和挑战——将赋予你一个几乎能应对所有此类事情的秘籍。

如果你愿意的话，咱们就来进行一个案例研究。

只参加你想去的婚礼

我喜欢婚礼。婚礼是为爱情而举办的喜庆欢乐的庆祝活动。在我的一生中，我对42个人的婚礼有着深刻的回忆。所以当亚马逊评论习惯性地断章取义时，就请你记住此刻我说的话，这是每一个人都应该相信的真理：婚礼会大大破坏你的预案。

还记得维恩图解吗？在维恩图解上，婚礼就处在时间、精力和金钱的交汇处。

刚开始参加婚礼你总会感到很新鲜，那里有舞蹈、酒宴、免费蛋糕，没准儿还有拍照的摊位。呜呼，婚礼！随着时间的推移——尤其是那些二三十岁的读者，他们有着跟自己年龄相仿的朋友和兄弟姐妹——你们肯定会有更多这样的经历。由于频率太高，这就变得不怎么新鲜好玩了，或者起码占用了你的时间和精力。当然也让你感觉有点不值得。有时候，你会突然接到12场婚礼的邀请函——加上与其相关的活动，像是订婚派对、新娘沐浴仪式、脱单派对——而全年可支配的收入和可休息的假期就这么多。

如果你已经50多岁、60多岁、70多岁了，那现在你的那些朋友都应该在邀请你参加他们孩子的婚礼了！这意味着你在派对上的存在感就更弱了，但是参加派对可丝毫没少占用你的时间、精力和金钱。

并不是所有人向你发出婚礼邀请，你就必须得参加，承认这一点没什么好羞耻的。

你常常会为了让你的朋友（或者朋友的孩子）在他们特殊的日子高兴而牺牲自己，并且乐此不疲。但是有时候，有时候你可能不想背负着他们的选择来做事。你可能愿意去参加婚礼，但是不愿意参加与婚礼相关的其他16场活动。你可能跟那些人真的不熟，或者你可能纯粹就是不想去，或者有一堆正当的理由不能去参加这些活动。

我们都有过这样的经历,即使我是唯一一个愿意承认这一点的人。在其他人的婚礼上,就出现过有人在伴娘的怀抱里边喝伏特加边求饶的情况。

旧事、新愁、自找麻烦的郁闷事

婚礼之所以可以提供这样一个涵盖三类琐事的研究案例,是因为婚礼上会同时出现朋友、熟人,甚至完全陌生的人。

这样来想一下:你的婚礼,你操心。要是再加上你的姻亲,你要操心的事儿还真是不少。但是当别人结婚时,你仍然被要求去操各种各样的心,每一份要操的心都与你的朋友或者朋友的家人脱不了干系,而这些人中的大部分对你来说都只是熟人,甚至是陌生人。

瞬间(或者也不是那么短暂的时间),你感觉手头儿的权力大得都可以促动一个小国家的 GDP 了。比如说,操心图瓦卢的私人仪式或者是密克罗尼西亚联邦的正式活动。

别去操心为晚宴放映的幻灯片提供一张照片的事了。那是你的特权——但是这会影响到你的朋友,他会注意到你没有穿《拉维恩和雪莉》第三季中的万圣节服装；进而还会影响到幻灯片放映的组织工作——又有谁能收集到足够多的照片，来配合《我心永恒》的歌曲放映幻灯片呢？（去他的幻灯片。）

这很可能会影响到新娘的母亲，因为所有事情都会影响到她。

不要去在意你的朋友于8月下旬在华盛顿乡村俱乐部举行的那场"半正式创意夏日鸡尾酒便装"婚礼。当然，你可以穿着一件旧的海军蓝连体裤去参加，但这样你就有可能（a）吓到姻亲，（b）毁掉至少两张照片，（c）让招待会上的每个人都嫉妒你有多舒服。可能由于太嫉妒了，以至于有人会"不小心"把葡萄酒溅到你的连体裤上。

当参加婚礼的时候，你就得非常非常小心了，因为你要获取最大限度的心安理得，尽量不惹哭新娘，不让友情岌岌可危，并且还得确保自己不会背上信用卡债务。我们说的这种小心翼翼的程度简直就像穿着一件"救生衣"一般。（想到这些，我得说太可惜了，要不是因为穿防化服不适合参加婚礼，我还真想穿着它去呢。）

但是一旦你掌握了这种在面对婚礼邀请时，用微妙的诚实有礼的行为去应对的方法，你可能就已经学会了使用一种方式来收获最多的喜悦——最少的烦恼——这不仅仅局限于你参加（或者不参加）的每一场婚礼，而且适用于你生活中的大部分情况。

当然，能使用不抱歉法则应对别人的婚礼本身就很了不起啦！

前面我已经详述了四种常见的与婚礼相关的场景，你可能某天会发现自己根本不想在意它们，或者想少管那么多闲事儿。它们会考验你的决心，挑战你的坚持，并且将推动你在开悟的路上越走越远。每一个坚持都伴随着一个诚实和礼貌的矩阵，矩阵上的点表示你行为的相对诚实 / 礼貌，这样你就能准确地看到你的目标在哪里与"不要抱歉"练习的峰值一致——以及何时会危险地接近（或位于深处的）混球儿象限。

在假日周末举办的婚礼

情景：你的朋友们要结婚了，婚礼就定在你为愉快的假期或是一年一度的家庭聚会所预留的那个时间充裕的周末。没准儿新郎新娘只有在国家的法定假日才能不上班，也没准儿他们是老师，所以春假他们根本没空。没准儿他们觉得人们会乐意在不用工作的时间来参加他们的婚礼，真的！但是现在一个是你期待了一年的假期，另一个是在萨蒙的三天之旅和在坦帕机场闲聊。你得在二者中选择其一。你当然想选择前者。

那你要怎么做呢？

在假日周末举办的婚礼

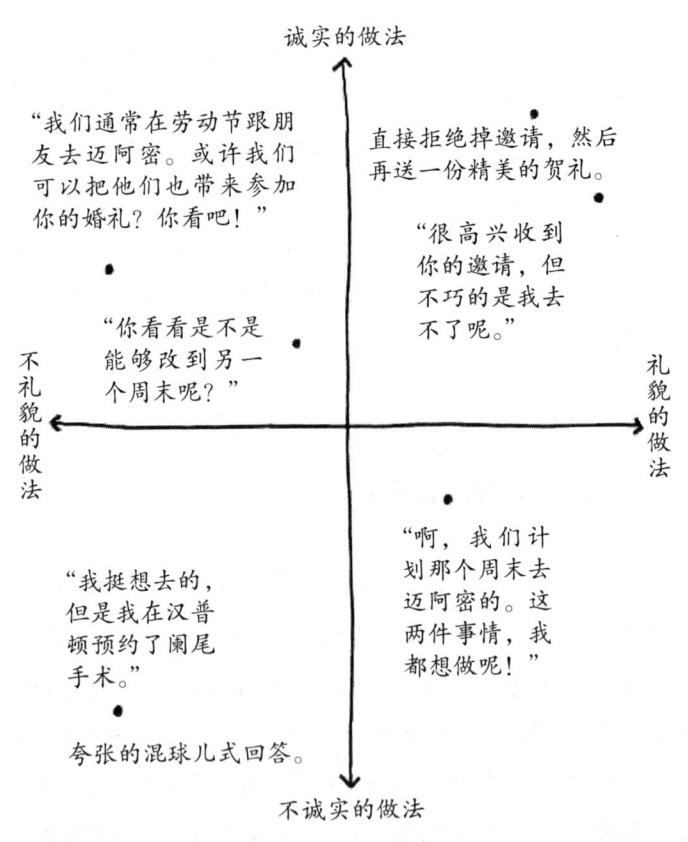

准新人婚前庆祝会的处理方式

情景：你和你另一半已经花费了数百（数千？）美元以及珍贵的假期来参加你朋友的婚礼。但是，好吧，没错，这对他们来讲是特殊的日子！可是，他们的婚前庆祝会派对也在离你家很远的地方，你还需要乘飞机、住酒店。我们就把他们分别称为维加斯和蒙特利尔吧。如果他们是你一生中最好的朋友，而你想要竭尽全力（还有你的Visa信用卡）去参加他们的婚礼，那还犹豫什么呢？！这是你想要去做的事。但是我们做这个图表的目的，是出于你无法承受得起花费时间、精力和/或者金钱的假设，这样你就不想去——但是你又不想让自己看起来像个混球儿。

你要怎么做呢？

准新郎或者准新娘的庆祝会

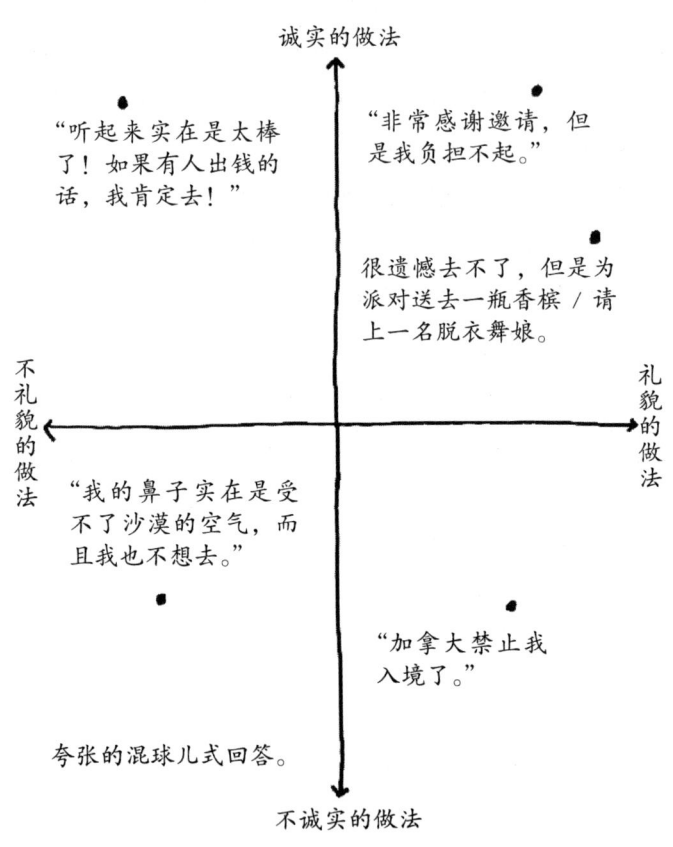

有 6000 项活动的婚礼

情景：你朋友的未婚妻超级事儿多。她和她的家人根本就不能安静地坐下来，或者说每个人都得在意他们的情绪。因此，这场周末婚礼的邀请函就附带了一份说明各项活动的小册子，像清晨瑜伽、皮划艇、野外远足、猜字游戏，以及一场新郎队和新娘队的槌球比赛。对你而言，所有这些都抵不上在婚礼举办地的豪华水疗中心过上一个田园诗般的（并且真是死贵死贵的）周末。你想要预订一次按摩、打一场高尔夫球，而不想在早上 8 点和一群活泼的陌生人一起玩寻宝游戏。

你会怎么解决呢？

有 6000 项活动的婚礼

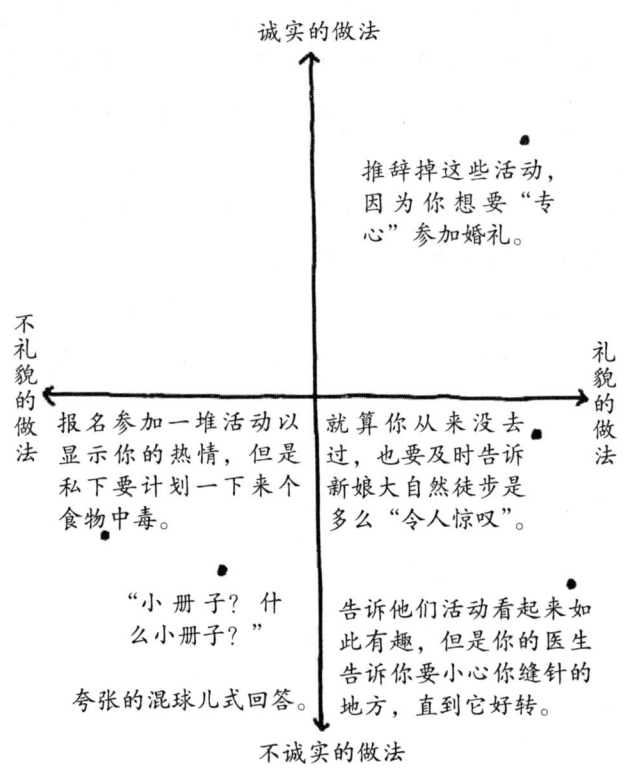

早上起床后的早午餐

情景：许多在周末进行的婚礼都会配有早午餐；这通常会安排在酒店结账之前，至少也是在婚礼进行到一半当有客人酩酊大醉的时候。假设你就是这些客人中的一员，而你希望在赶上你那趟花费 480 美元就可以飞回家的航班之前尽可能多睡会儿。你并不想面对任何一个你在前一晚用"蕾哈娜让我来做"的舞蹈羞辱过的亲戚，而且你尤其不想吃那只有干面包和鸡蛋的自助餐。

你会做点儿什么呢？

早午餐

诚实的做法

- 回答"不",直接把它从需要理会的事情清单中划掉,并写上"惹人厌的早午餐"。
- 如果是一间免费的酒吧,那么回答就是"好的"。
- 回答"不",然后做出一副有点遗憾的表情。

不要回复,因为你可能会丢人现眼,你肯定不希望这样。

不礼貌的做法 ←→ 礼貌的做法

- 明知道自己不想丢人现眼,还回复"好的",然后把丢人现眼归咎于"偏头疼"。
- 夸张的混球儿式回答。

回复"不",因为"唯一的航班是19:00点的",如果不在上午11:59之前登机,就会耽搁。

不诚实的做法

我希望并且也相信这是一项十分有用的练习。图表上诚实且有礼貌的做法区域表明，不抱歉法则不仅简单，还十分灵活。不同的人都可以根据实际情况以不同的方式来运用它。

只要不让自己做图中混球儿那个区域的事情，其他情况都可以！

临阵退缩？重新审视一下你的个人原则

无论是在婚礼上还是我们的日常生活当中，如果你的清单内容很长，而你那诚实有礼的做法已无力应付，那么向你的朋友、熟人、陌生人宣布一项新的个人原则也是一个不错的选择呢。当然了，你并不想过度使用这种战术，否则人们就不得不开始跟上你个人原则的更新速度。就把它想象成一个足球教练要求你发的一个定位球——你想要它出其不意，防不胜防。如果做好了，这可能会改写整个游戏的结局。

第四类：家庭

在第二部分我说过，在面对家庭成员的时候，一些糟心事儿是你不可避免要面对的，但是我说了我会告诉你如何在不太理想的情况下最大限度地脱身。

实际上，一说到这种反应，那些明显的遗漏就是剩下的问题了。没错，我说的就是遗产。

不必大惊小怪，因为这一点就处在工具和行动的连接点，而这些工具和行动我们已经在步骤一（影响他人，感情/意见，整体预算规划，义务/内疚）和步骤二（诚实有礼，做/不做一个混球儿）中学习过了。

无论我们讨论的是现金还是传家宝，继承问题看起来都会制造出许多麻烦事儿，这些事情会将你的时间和精力耗费在讨价还价和抱怨谁继承了/应当继承什么，或者谁压根儿就不想要/应当要什么上。

但是，许多受访者在谈到家庭成员之间的金钱/遗产继承问题上时，都会说他们根本就不在意。

嗯。

但我能想到，因为众所周知金钱被认为是在所有事情当中最忌讳的话题，所以即便是那些觉得自己不会在意把爷爷收集的邮票分配给六兄妹的人——以及在匿名调查中愿意承认接受这件事的人——也很难在一时之间同其他家庭成员完全没有隔阂。

毫无疑问，遗产继承是一个棘手的问题。但是，如果所有声称自己不会在意遗产的人说的都是真心话——大声、清晰且明确——我们就可以不用去哀悼那些我们没有的东西，而尽情享受我们的家庭和倒转的天鹅邮票了。

我深深地明白这一点。

绩效奖金！

在第二部分，我说过当谈到家庭时，一些事情是你有必要去在意的，但是我说了我会告诉你如何在不太理想的情况下最大限度地脱身。那么，如果你已经完成了步骤一，并且决定了不去在意哪些事，但是你知道采取步骤二（不去在意那些事）肯定是完全不可能的，没办法，不可能，乔斯，除非你妈妈死了，否则你还不如在你做那件事的时候，给她一些绩效奖金呢。

例如,如果你无法逃避一场家庭节日聚会,那就计划在那天之后做一次按摩,这样你就有所期待了。更棒的是,可以要求把按摩作为你的节日礼物,那么你的家庭成员基本上都会满足你的,你就把它当作是回报吧。

(小提示:要求在坐飞机返程的时候升级到头等舱也不错,就把它当成是对无精打采地参加家庭聚会的人的安抚吧,不过这样没准儿花费很高呢!)

或者,如果你母亲因为对家庭做出的杰出贡献在午餐会上被授予荣誉,而你不得不陪着她一直待在那里,可那个家庭却是在你一长到十八岁就立即逃离的,那么记得事先从药柜里偷一点给获奖者吃的镇静剂吧。

而如果你真的无法不参加合影,那就在那天穿上最古怪或者最搞笑的内衣,我向你保证整个过程会更加舒适。另外,当照片上传之后,你的"脸书"页面上就会被诸如"多么美好的一家!"和"噢,天啊,他们都长这么大了!"之类的赞美之词写满,而你会因为自己穿了一条写着"有毒物品聚集"的丁字裤而偷着乐。

经常被提及的问题

哦,也许你从来没有说过这么差劲的双关语。来吧,来审判我啊。我才不在乎呢,这可是我的书!

啊哈,不管怎么说,我想它可能有助于解决一些在我同人们说起怦然心动的人际关系清理术时最常听到的问题——我敢肯定这些问题会突然出现在大脑当中,即便当时你正兴高采烈地浏览不同清单上的事项。我知道怎么办,请相信我。你已经做了一些重大的决定了,但实际上就能真的不去在意所有的琐事了吗?

比起在安息日晚餐时大声地说出来,让自己愉悦舒适地幻想会更容易一些。我的建议就是利用在你体内燃烧的火气。没有时间让你整理你的麻烦事儿了,现在就开始你的新生活吧!

要注意的是,这里有一些常见问题可以让你在采用步骤二的时候感觉更舒服点儿。

问题：对人们说"我不在乎这事"，这句话本身就让人感觉极其不礼貌。难道你不认为它是非常粗鲁的吗？

回答：好吧，如果F开头的那个词让你觉得不好意思，那你就不必大声念出来了。你可以用另一种方式表达你决定不把时间、精力或金钱花在某件事情上的决定。（例如，"我承认我不同意你对X的看法，但你同意就行了！"）我觉得没那么有趣，但那是我的事，不是你的事。

问题：我担心如果我不再在乎那么多事情，我就会变成一个一无所有、无人在意的懒惰之人。

回答：关注这点很有道理，但是怦然心动的人际关系清理术并非让你一事不顾。
（一个有趣但不切实际的标签）这只是去除掉那些不会给你带来快乐的事儿，同时为你更好地做其他事儿做铺垫。

问题：如果不去在意琐事可以令人自由自在，那为什么会有些不舒服的感觉？

回答：不穿衣服也很自在，但是那样同样会让人感到不舒服，因为社会规范不是如此。你会看到，你需要的就是一点儿信心（和一点儿婴儿粉）。

问题：我要怎么向我母亲解释这些呢？

回答：就给她寄本这书。我就是计划这么去解决这个问题的。

问题：即使你说的一切都很完美，（谢谢你这么说！）我还是觉得自己在涉及_____的时候无法置身事外。

回答：我要说的就是，你没试过怎么就知道不行呢？！记住，我告诉过你，当我问我的丈夫，我是不是能整理他放袜子的抽屉时，他以为我脑子坏掉了。但我仍然这样做了，你看后续有多大的变化！

问题：如果我决定不在意某事，然后付诸了行动，接下来我后悔了该怎么办？

回答：你这完全是在浪费时间。

> **问题**：我不想听到有人告诉我他们不在意那些对我来说很重要的事,所以我要怎么来告诉他们我不在意那些对他们来说很重要的事情呢?
>
> **回答**：让我用另一种方式把这个问题再扔回给你。你会在明知道人们不愿意为你做某事的情况下,还将这事强加于他们吗?就像让他们感觉做这事是他们的义务和/或者不这么做就有罪似的。而对这个问题的回答肯定就是:不!否则你就是一个混球儿了。而如果他们不曾坦诚地告诉你,你是不会知道他们有这样的感受的,反之亦然。这就是步骤二如何为每个人清理人际关系的。

从你在乎(或不在乎)的事情中收获更多

我想再次重温一下怦然心动的人际关系清理术的总体目标,那就是不仅仅不再理会那些让人厌烦的事情——让我们获得自由,去更好、更专注地在乎那些能够给我们带来快乐的事情吧。

如果这本书的前半部分都是关于不去理会琐事的,那么就准备好在后半部分享受乐趣吧:为其他情况获得更多的时间、精力和/或者金钱。

如此一来,我们就被带进了第四部分,清理人际的魔法就是在此施展的……

第四章 翻天覆地的变化

在你学习怦然心动的人际关系清理术的过程中达到这个程度的时候，你已经不再在乎别人怎么想了，你形成了优良的精力分配技能，制定出了一个固定的清单（和参考指南），上面罗列了你不打算去在意的事情，还有一份你百分之百在乎的事情清单。

棒极了！

结果就是，你已经重新拥有了你本要花费到那些不需要在乎的人和事上面的数百个小时；并且，如果你的做法得当，你并不会被炒鱿鱼，从事营销工作的盖尔也不会烧了你的房子。你已经清理了对义务、酒吧琐事和冰岛的感情。你失去的只是那些你根本就不真正喜欢的朋友，而你也避免了去交那些自己并不需要的新朋友。不仅如此，当你开始这么做的时候，你还可能成为一个比之前更加诚实有礼的人——这可是一个很好的副产品呢，我想我可以这么说自己。

你越来越接近我在第一部分提到的那种只在乎必要的事情的开悟状态了。通过整理你需要去关注的事情，去除掉那些令人厌烦的事情，确定那些能够带给你最多乐趣和满足感的人与事，你就能过上更好的生活。

说到这里，第四部分甚至还包括一份清单，你可能应该——并且可以——去在意这些事情，你已经可以自由分配你的时间、精力和金钱了。

在意这些事情会为你打开一个全新的喜悦之境!

如果你还需要更多的力量来说服自己,那就请继续阅读——

少关注一件琐事就等于多一分收获

在第三部分,我建议你心里想着你可能获得的收益,这样在采取步骤二的时候会感觉更容易一点儿;并且设想你可以把它进行到底——欢呼吧!——现在有必要来看一看你究竟获得了什么。我想你会发现结果令人相当满意,甚至会让人感觉有点儿激动呢。

如前所述,当人们在整理他们的清单内容时,首先想拿回的就是时间。把时间花在安静地在厕所中沉思,也比花在匆忙地去参加一个电话会议上强;是时候在周日下午去尝试那个获奖的软糖配方了,而不是为你的读书俱乐部朗读《白鲸》(谁选的?);时间可以用于与所爱的人共处,而不是浪费在一些你根本不喜欢的琐事上。

那么就时间来讲,你迄今为止收获了什么?十分钟?三个小时?一个月中的一个周末?我敏感地察觉到了一个即将出现的清单!

通过不去理会琐事,我省下的时间

活动	收益
例如:不看音乐录影带大奖的颁奖礼	2 小时

怦然心动的人际关系清理术回报给你的第二样东西就是精力。简单来说,只要你少理会一件事,你就能睡一个幸福的午觉;或者讲复杂点,就能节约一些精力——你报名健身课程只是因为你的朋友逼你这么做——然后把它花在你想做的事情上,比如把你的车弄干净,因为它开始散发出你想象中的七宝女神的味道。

不去理会琐事,我节省下的精力

活动	收益
例如:星期一不要和同事把时间浪费在玛格丽特酒上面	周二可以继续工作

金钱虽然被放在了最后,但是它一样重要。正如幽默作家兼演员的美国人威尔·罗杰斯所说:"太多的人花钱买了他们并不想买的东西,他们如此做不过是因为不想让人们知道他们其实根本不想买。"

姐妹们,欢唱起来吧!

而因为金钱是非常容易量化的,当你将不抱歉法则以及它的结果应用到财务收益方面的时候,其结果保准让你非常满意。比如说,如果你不再在意服装款式——某种意义上是因为你已经不再在乎别人的看法了——你每年完全就能节省下数百或者数千美元。我知道很多女性,尤其是在纽约这样的大都市中的女性,她们会因为在名牌服装上花费过多而感到压力,而半价的衣服看起来一样很好,也会让她们非常开心。

通过不去理会琐事,节省下的钱

活动	收益
例如:不去拉斯维加斯的单身派对	1000 美元 *

_____   _____

_____   _____

_____   _____

_____   _____

_____   _____

_____   _____

_____   _____

---

* 偶尔你也得花上点儿钱来讨好朋友,以获得心灵上的安宁。在这种情况下,你没准儿会想发送一份电报,所以这个公式就是节省下的钱数(1000 美元)-补偿花费(用来发电报的 200 美元)=净储蓄(800 美元)。还不错吧!

或者说，你就是一个郊区居民，你不再需要每周六跑去参加 6 岁侄子的足球游戏了——我们只能说，他不太可能成为职业球员，为你争取 2034 年世界杯的免费门票。你不仅节省下了时间和精力，你还省下了油钱呢！每加仑汽油 2.5 美元，这样算起来就可以省下不少钱，而婶婶还需要一副新的杂牌太阳镜呢。

是的，开悟之路就是用省下的时间、新获取的气魄和冷冰冰的现金铺就的。

你所在意的事情会影响到你的身体、思想和灵魂

但是还有更多！你可能还没有料到从不去在意这个简单的举动中还会有更多收获，那就是对于身心健康的整体改善。

想想看：你得到的不仅是时间、精力和金钱——你还收获了自知之明、信心以及对生活的孩子般的热情。另外，你让自己免去了许多头疼之事。当然，更不用说胃疼、焦虑和恶心了。还记得你从同事的卡拉 OK 派对上溜走么？想想你可能会在派对上醉得一塌糊涂！为了不让蒂姆被他自己的麦

克风线缠绕致死，你会整晚狂饮，然后第二天早上你会死得很惨，相信我。

但是不去理会它呢？那就不会有不规律的睡眠，不会头痛，在你早上做报告的过程中不会口干舌燥，不会为了在午餐时段能够在你的办公桌下隐蔽地午睡一会儿而默默地数着时间，不会有午睡而产生的脖子痉挛……我的意思是，成本效益分析中显示的回报是不可否认的。

你在工作之余会有更多的时间来做你真正想做的事情（穿着内衣坐在沙发上边吃馅饼边看《终极忍者战士》）。

你认为看《终极忍者战士》比跟IT部的蒂姆一起去唱卡拉OK好玩多了（并且你运用上了不抱歉法则，因为你不再会理会蒂姆或者其他人怎么想你认为的优先事项了）。

你在早上有更多的时间来慢慢地剃毛发，这样就不会伤到自己（脸、腿，或者比基尼线——宿醉之下可不能剃这三个地方）。

你有了买龙舌兰酒的钱，再加上午夜多米诺骨牌的订单，你会试图（不充分地）吸收所有的酒精。

是的，你会在休息室里大放厥词，而你的同事正趴在办公桌上不舒服地小憩。你还可以在那天做更多的事情，因为他们难受得根本顾不上来打搅你！

想一想只要做到不去理会它就会给你的身体、思想和灵魂带来更多的令人兴奋的好处：

身体

很多没必要的琐事会引起宿醉——我们已经深入讨论过了——但是那些真的会伤害到我们身体的事儿又会怎样呢？

我还清楚地记得，有次在一个清晨，我跟朋友一组同我哥哥兴致勃勃地玩着文字游戏，以至于没有赶上火车。我知道我做得太过分了，但能在去办公室之前用 ZAX 的三字打法彻底打败我哥哥，让我感到非常高兴。

当然，当我走到月台的时候，我看到火车即将离站。我赶紧跑过去（穿着高跟鞋）追赶火车，就在差一点儿就能追上它的关键时刻我却扭到了脚。我满头大汗，气喘吁吁，脚踝迅速肿胀了起来，这一切令我非常生气。

结果就是，"追赶火车"成了我不会去在意的事情清单中的又一项内容，并且我也可以不用再花钱去看骨科了。

思想

精神整理比物质整理更胜一筹,因为它不会局限于一块天花板或是一面墙。你的头骨之中满满都是那些黏糊糊的灰质,但是那些无形的焦虑、担忧、恐慌和害怕在教皇来访之前就已经被清理得比教堂还干净了。不去在意它带给精神健康层面的益处是巨大且无止境的。

例如,想一想从今往后的几十年会发生些什么,如果今天你决定不再参加周日的教堂礼拜仪式(抱歉啦,教皇),而是把时间都花在完成每周《星期日泰晤士报》上的填字游戏上面。这样未来你就不会患上阿尔茨海默病,你就偷着乐吧!这种内心的安定可是你有钱都没处买的。

灵魂

在这儿有必要再多说两句,你就忍一忍吧。虽然不是每个人都相信灵魂的传统定义,认为灵魂是某种脱离我们身体而存在的空灵的生命力量,但我敢打赌,我们大多数人都理解"灵魂粉碎"或"灵魂毁灭"的概念,因为它们在深层细胞层面上与伤害我们的事物有关。不仅仅是那些挤占了我们的时间或是耗费了我们的力气的事情,还包括那些我们觉得会严重限制我们自由的活动、任务和人。是的,我知道我的话听起来就像电影《勇敢的心》当中的梅尔·吉布森说的一样。

嗯,我认为自由就是灵魂的另一个名字,而不理会所有没必要的事情,并且把你的心思花在那些能够让你高兴的事情上面,你就一定会收获到某些人形容的——我可以称为"灵魂肯定之感"的东西。

另一条途径

怦然心动的人际关系清理术主要就是决定是否去在意一些事,甚至当你已经决定不去理会它们的时候,步骤二也常常会要求你采取一些行动——拒绝一份邀请,对一个会议说没时间参加,解释你最新的个人原则。剩下的就是那些你可能乐于参与的事情了,这些事情会消耗你的时间、精力和金钱——虽然它们都是你乐意为之付出的事。

但是还有另外一条途径,这条途径实际上非常消极冷漠,当然也同样会产生巨大的变化,无论是短期或者长期都是如此。我会在心里一直默念这句话"它根本不值得"。

你没准儿会发现学习这门技能很有用,例如,你要跟某个老板或者某家电信公司办理一项重要事务,但对方真的是一个混球儿或者超级无能,可你又无法针对这种局面做点儿什么。我的意思是说,在这种情况下你会急得要疯掉、引发高血压,并且/或者使你的大脑都无法正常运转了。可如果当你只想着下班、回家、安静地观看娱乐台或体育台节目的时候,那些糟糕的状态就统统消失不见了。

在这种情况下,人们很容易成为愤怒的牺牲品,这种状态本身带来的麻烦可比你那马屁精/白痴对手添的麻烦要多得多。与其让那种糟糕的情况像螳螂在做爱后吃掉她的情人一样吃掉你,不如试一试——不在乎。

就告诉你自己,它根本就不值得,然后继续该干啥干啥。

曾经付出

通过成为在地球上坚强生存且因开悟而不去在意的少数人之一,你会不可避免地将你发现的新知识传递给你的同胞。我无法告诉你究竟前前后后有多少人已经听我讲述过我的不抱歉法则,并将其应用于他们自身从而给他们带来了巨大的改变。我曾经帮助同事在面对无用的文字工作时使用不抱歉法则，这使他看到了曙光；我还帮助朋友在安排假期时做出了更好的选择；我甚至还帮助我的双亲去少在意一些琐事，他们是如此为我骄傲。

无论上述哪种情况，我做这一切都不是出于利他主义。我根本就不在意什么利他主义！我这么做，是因为这样会让我感觉舒服——来，来，听我说，如果不去在意琐事让你感觉很棒，那么帮助别人不去在意那些事会令你感觉更棒。

而最后，我这么做就是因为如果我们所有人都能少在意点儿琐事，过得更加快乐和健康，那么这个世界就会更加美好。对我来说，就是如此。

明确你不能做哪些事

也被称为"你从一开始可能就不会去在乎"。

学习怦然心动的人际关系清理术一个极大的好处就是当你接纳了最初那几次尝试的结果或者"成长的烦恼"后，你就会逐渐掌握节奏，在这节奏之中你会不再劝告自己——这样就会显著地减少花在处理琐事上的时间和随之而来的焦虑。犹豫（和焦虑）每次都会带来无关的烦恼。

如此一来，怦然心动的人际关系清理术就会带给你从不同角度来看待人生的方法和观念，这些都是一个人能够快速轻松地搞清状况并因症施策的关键。而它也让你可以把那些节省下来的时间（精力和金钱）用到别的事情上。

精华部分：随着时间的推移，你将会发现不理会某些事并不会必然导致就得去理会别的事。

你没准儿会发现，一旦你停止去理会那一堆无法让你高兴的事情——并且开始去面对一些以前被忽视了的事情——你的生活中甚至根本就不需要那么多东西。

我不了解你，但是于我而言，一天 24 小时时刻都要处理各种各样的事情根本就是不可能的。

换句话说，我对很多事情都会置若罔闻，这样其实挺不错。

哪些是你应该更为关注的事情

充分披露:这一部分将会与你的直觉有点儿不符。你可别说我没有警告过你。

直到现在,我们主要关注的都是一对一类型的事情——比如在五点就突然放下工作去观看道奇队的第一轮比赛,或者放弃你朋友的《幸存者:猴子对机器人》游戏的大结局派对,这样你就能吃上一包多堤士原味玉米片,并且读完这本书。很多时候,甚至每天,这些都是合理的奖励,而它们也将改变你的生活。

但是一旦你接触到怦然心动的人际关系清理术,你就会发现自己愿意、能够,甚至满心欢喜地按此来做。你能看到这种魔法会发挥更大的效用。

我想你一定在社交媒体上看到过这些清单,它们总是以类似"退休的人给20多岁青年的20条建议"或者"人们在临终之时想到的人生最遗憾之事"的标题出现——而无论是哪种情况,你或许总是会想着自己还有几十年的人生呢,现在担忧这些为时过早。

而哈维尔·巴登在影片《老无所依》中可能会说:"朋

友，再好好想想吧。"

现实就是，除非有一位神医能给出我们大概的日期（有时候还做不到这样），否则我们之中的任何人都无法知晓我们何时会离开这终要告别的世界。这听起来恐怖，但却是事实。你可能明天就会被车撞到，或者被一群狼吃掉，又或者被一个小丑吓得魂不附体。

如果你想到这些，难道你不想把每一秒都过好吗？

有时这意味着要给我们一些新的、长期的目标，而不是我们眼前需要解决的那些零碎的事情。

为了帮助你这样做（因为我就是这样做的），我花时间在网上搜索了前面所述清单的无数个版本，选取了五种最常见的遗憾之事——又叫你应当更为在意的事情。一定要记住，切不能将此与实际的短期收获相混淆，这些短期收获是你可能已经意识到的。与这些短期收获不同，它们是长期的目标，这些长期目标的实现意味着你不再被轻易并且无法挽回地消耗在主导着大多数人生活的日常琐事当中。

五种遗憾如下（排序不分先后）：

- 旅游

把一次四下走走的旅行当作奖励是一回事，但是那些把不理会清单上传到互联网上的人们所谈论的才是真正的旅游。随心漫游，世界各处游走。旅游可以成为你生活的固定内容，而不仅仅是每半年带着孩子去塔霍湖过一次周末（尽管这样也不错）。

- 好好照顾你的身体

坦白地说，运动是为了燃烧热量，汗水浸透我的运动胸罩并不是我会在乎的事情，但是健康可不仅仅是你能够做多少次下蹲那么简单。健康也与休息相关，比如多睡，保持冷静，哪怕压力再大也不要暴饮暴食。对我来说，这可不是随心所欲的事，不知道你会怎么想。

- 学习另一种语言

罗马不是一天建成的，你也不可能用从地狱般的团队建设研讨会上偷偷溜走而节省下的一个小时就学会意大利语。但是即便你根本没有欲望去看但丁的原著，这也没什么要紧的，这种遗憾就像很多人觉得"未来还长着呢"一样，总是把事情一推再推。

- 退休计划

当你年龄很大并且衰老得不适合每天再出现在办公室的时候，或许你就不会去在意有一份稳定可持续的收入了。或许你的工作原理就是"活得辛苦，退休贫困"。这很残酷，但似乎很多六十多岁的人都有不同的感受，所以我也只是说说我的看法。

- 掌握一项极棒的聚会技巧

作为那类开悟群体中的一员，你已经成功地减少了在工作、朋友、家人方面的义务，并有足够的时间每周用几个小时不理性地出去玩玩保龄球，这么做不为别的，就只是因为喜欢这么做。你可真成了人生赢家！

做你自己

但是你没准儿是一个家庭妇男；没准儿你已经是一个活动的螺母；也没准儿，像我一样，你很悲催地是一个不能臣服于大众观念的人，而且还学不会骗人。关键就在于，你根本就没必要去在意上述清单中的任何一件事，或者根本没必要去在乎别人会在意的任何事情。

你可以采纳或者摒弃我的建议。

要知道怦然心动的人际关系清理术所教授的内容并不是霸道专横的，而是鼓舞人心的。打个比方吧，在阅读这本书的人群中可能有超过一半的人都不赞同我对待卡拉OK的态度。哪怕是那些看过我在酒精和同事起哄的双重作用下表演《信仰》或《宛若处女》桥断的人，也无法理解我的做法。但那又有什么关系呢？我乐意，你自便。

在写这本书的过程中，有上百人接受了我的调查，包括我的朋友和家人、我的文学经纪人和她的助手、我的编辑和出版商，以及出版社的其他人，还有为数不多的恰好出现的陌生人。（你们辛苦了。）从这些交谈当中，我意识到了每一个人的开悟路上都布满了由在乎与不在乎这两者构成的独特组合，而某人的快乐没准儿就是他人的烦恼。

这也没什么所谓。你的事儿你说了算——随你来评价、划分先后顺序。

你也可以改变你的想法，修改你的个人原则，并相应地进行分配。你听说过机会犯罪吗？是的，有时候你可能会随机处理一些事儿，这是意料之中的。我的意思是，我真的真的不会去在意什么卡拉OK，但是如果我已经人在酒吧了，有人拿着麦克风在我面前摇来晃去地引诱我，而我喝下去的酒足够能麻醉一只小马驹……事情便会发生。

我想说的就是，在一时激动之下，你没准儿会发现你自己会去理会意料之外的事情，而这样也没准儿会给你带来快乐；或者至少会让人们看到你在自娱自乐，这并不是最糟糕的事。

去他的仇敌

在最初的劝诫当中，我说过一句话：不要去在乎别人怎么想，我想要对那些人当中的一部分特别关注，也就是那些令人讨厌的人。在你学习怦然心动的人际关系清理术的过程中，可能会遇到几个这样的人，你可得准备好了。这些人觉得你的生活选择会对他们产生阻碍，而最坏的情况就是他们会被你的生活选择所触怒。无论是哪种原因，他们都不会觉得接纳不抱歉法则是渴望或者必要的事情。这也无所谓！但是你也不必被他们的狭隘心胸或者局促不安所拖累。你的小日子过得不错，而且还会越来越好呢。去他的仇敌。

获得启发

无论你在翻看这本书之初是站在怎样的角度来看待怦然心动的人际关系清理术的，我相信现在你都已经取得了一些进步，这主要表现在自我追求以及加入开悟之列等方面，当然我所说的开悟之列就包括我自己、塞雷娜·威廉姆斯以及纽约市的新闻主播帕特·基尔南。说真的，那家伙已经将它扩展成一种艺术形式——我们都应当立志更接近帕特·基尔南，他在影片《神奇蜘蛛人2》和《新捉鬼敢死队》中可是本色出演。

话题再转回你这里，你已经读了这么多，所以你肯定想要学会清理人际关系的方法，起码是学会一点点，对吧？你肯定已经厌倦了在生活中一味去满足他人的需要、去容忍他人。你的时间日历将发生巨变，直到一个自由的下午意外地出现。

也或许这本书是某个朋友送你的礼物，他或她这么做可能就是试图要告诉你一些事情。

无论是什么将你引领至此，我都希望怦然心动的人际关系清理术能够让你知道这些都是可能的，而且你也不会精神崩溃。在康复中心待上两周固然不错，但为了这点事折磨自己实在没有必要。

哇,天都黑了……抱歉。

我的意思就是,不抱歉法则不仅可以应用于当前发生的状况,它也可以用来预防!更重要的是,它可以从一开始就使你远离陷阱。你可能会希望每天都翻阅它,就好像它是一本《圣经》;或者是定期地翻阅它,就好像它是一张公共交通地图。你可以将它看作是自己灵魂的一个导航仪,或者你也可以把它带到野外进行拍摄。无论哪种,都不关我的事。

这是真的吗?莎拉,为什么会这样?

我想你已经心知肚明啦。

后 记

自打我开写这本书，我就关注到很多人都在做着他们不愿或者不必去在意的事情。我亲眼看见朋友们周末加班却没有额外补偿，人们不得不去参加他们没兴趣的约会，还有我自己的丈夫败给了一名呼叫中心的员工。这都让我打起精神去证明怦然心动的人际关系清理术正适用所有这些想获取自己时间的人，它就是一个帮助他们从此过上美好生活的核心理念。

在1837年，汉斯·克里斯蒂安·安徒生写了一篇名为《皇帝的新衣》的童话故事，故事讲到一个皇帝在镇上裸体游行，他自以为身上穿着一件非常华美的衣服，而那些看不见这件衣服的人则"无药可救的愚蠢"——或者应该说那两个卖给他这件衣服的骗子让他相信如此。皇帝自己是看不见这件衣服的,但他肯定坚决不承认。他的大臣们为了保住自己的饭碗也不肯承认自己看不见。街上的市民们也假装能够看到衣服,他们还称赞布料的华丽和裁剪的精致。直到后来,有一个小孩喊道:"但是他根本什么都没穿啊!"最后,人们看到真相被道出,都承认自己自始至终都没看到过那件衣服。

我喜欢把自己比作那个孩子。皇帝是社会,他的衣服是时间、精力和浪费金钱的重担,而我要站在这里大喊:"我才不管呢!"

而你,镇上的人,也不需要。

这是我的美梦。

我已经因怦然心动的人际关系清理术而涅槃重生,同时每天在开悟的路上行得更远。例如,这周我就没像过去那样去在意什么泰国食品、深夜电视节目(乔恩·斯图尔特,我会想你的!)和民主党全国委员会。伙计们,求放过!你们的电话真是烦人。

最终,我花了许多时间来证明一个概念,就是不去理会那些认为某事该去重视的人们……有点恶毒。稍微有点这意思，没准儿还有点反社会？

这可真糟。一方面，我不想让他们对我的印象很差。但是另一方面，我又想只理会少数有必要的事，过自己的滋润日子。

你猜猜我会怎么办？

我可不会抱歉。

致 谢

我很庆幸自己生活在这样一个时代里,在这个时代当中,公众人物和少数普通人不说抱歉的举动都能够被广泛地接受。我想感谢那些在我撰写这本书的过程中每天都激励我的人,他们将怦然心动的人际关系清理术运用得炉火纯青,排名不分先后哦:

将怦然心动的人际关系清理术运用得炉火纯青的人物:

1992年10月3日:希妮德·奥康娜撕掉了一张教皇周六夜生活的照片。

2015 年 1 月 20 日：鲁斯·巴德·金斯伯格在联邦政府睡着了……因为她喝醉了。

1965 年 7 月 25 日：迪伦使用电吉他。

2009 年 9 月 13 日：坎耶·维斯特在 2009 年 MTV 音乐电视大奖颁奖礼上那句"我本想让你说完"的壮举。

2011 年 2 月 28 日：查理·辛在《今日秀》栏目中提出《好汉两个半》每集片酬 300 万美元的要求。

1993 年 6 月 7 日：普林斯为了不履行同华纳兄弟公司的合约，把他的名字改成了无法读出的符号。

2011 年 12 月 15 日：猖狂的克里斯托弗·希钦斯逝世。

2003 年 3 月 10 日：娜塔丽·麦恩斯在伦敦告诉歌迷，南方小鸡组合"因和美国总统一样来自德州而感到丢人"。

2015 年 10 月 19 日：据传有乘客在美国西南航空公司的飞机上扼死了一名女士，原因是这名女士把椅背靠到了他身上。

2007 年 2 月 16 日：小甜甜布兰妮剃了光头，还文了身，一周后又用一把雨伞袭击了一辆车。

1992年10月21日：麦当娜出版了一本叫《性》的写真集，她当时的男友瓦尼拉·艾斯也出现在当中。

2015年9月21日：不在意别人看法的披萨鼠。

我的丈夫，贾德·哈里斯，把他的绝大部分精力都花在每天同我一起做事上。不仅如此，他自1999年以来就开始指导我如何过上最棒的生活。他是深谙此道的人。

我的经纪人，詹妮弗·乔尔，是此类精明之人的代表，所以她对这本书的支持于我而言意义重大。她从一开始就不遗余力地坚定地支持着我。她就是个明星人物。

我的编辑，迈克尔·泽尔班，将我从我所写的那些书中救了出来，无论我写了多少，他都能在紧张的最后出版日期到来之前沉着地做完工作。

其他的至少还有，利特尔&布朗出版社和ICM公司——包括但不仅限于本·艾伦、里根·亚瑟、萨布丽娜·卡拉汉、梅根·迪恩斯、妮可·杜威、丽斯·法雷尔、劳伦·哈姆斯、莎拉·豪根、安迪·莱肯、查尔斯·麦克罗里、加勒特·麦格拉斯、马德琳·奥斯本、米丽亚姆·帕克、特雷西·罗伊、谢丽尔·史密和斯特蕾西·威廉姆斯——从各个方面对这本书的出版都给予了大力支持。英国 Quercus 出版公司的简·斯特罗克、荷兰 Kosmos 出版公司的弗雷德里卡·凡·特拉、巴西 Rocco 出版公司的马里亚娜·罗利尔以及德国的尤尔斯坦·维拉格负责这本书的全球出版事务。冲吧,我的团队!

我父母见了这本书的标题并没有觉得不妥。但是,竟然有人告诉我奶奶,我写了一本关于鸭子的书。

总而言之,如果没有遍及全球的成百上千人对我的匿名调查作出回应(他们也应当想保持匿名),这本书就不会有这么全面。当然还有几十名朋友和家庭成员一直为我提供灵感,他们可能更愿意保持匿名。我尊重他们的选择。

一旦你们读到这本书,你们肯定会在里面找到自己的身影——也会知道我很感谢你们。

关于作者

莎拉·奈特和她的丈夫，还有他们那只表现糟糕的猫道格一起生活在布鲁克林（在纽约天气暖和的时候）和多米尼加共和国（当纽约天气寒冷的时候）。2015年她辞去了公司的工作，成为一名自由职业者——这个举动让她不用再为冬天、工作和电话会议浪费精力，她有了更多的时间去晒太阳、喝莫吉托。她是编辑、作家，同时还是哈佛大学的优秀毕业生，也是速食布丁剧团中第一位女性团长，现在她期待着有一天能够收到来自母校的演讲邀请。想了解更多，请点击 sarahknightbooks.com，或者在"推特"和"照片墙"上关注她。